J.-M. VIDAL

L'ÉMEUTE DES PASTOUREAUX EN 1320

LETTRES DU PAPE JEAN XXII;
DÉPOSITION DU JUIF BARUC DEVANT L'INQUISITION
DE PAMIERS

Extrait des ANNALES DE SAINT-LOUIS-DES-FRANÇAIS
IIIe Année — IIme Fascicule — Janvier 1899.

ROME
IMPRIMERIE DE LA PAIX, PHILIPPE CUGGIANI
Place della Pace, 35.
1898

J.-M. VIDAL

L'ÉMEUTE DES PASTOUREAUX EN 1320

LETTRES DU PAPE JEAN XXII;

DÉPOSITION DU JUIF BARUC DEVANT L'INQUISITION

DE PAMIERS

Extrait des ANNALES DE SAINT-LOUIS-DES-FRANÇAIS
IIIe Année — IIme Fascicule — Janvier 1899.

ROME
IMPRIMERIE DE LA PAIX, PHILIPPE CUGGIANI
Place della Pace, 35.
1898

L'ÉMEUTE DES PASTOUREAUX EN 1320

LETTRES DU PAPE JEAN XXII;
DÉPOSITION DU JUIF BARUC DEVANT L'INQUISITION
DE PAMIERS.

Nous réunissons sous ce titre assez long un petit nombre de documents qui se rapportent à l'invasion des Pastoureaux en l'an 1320. Dans l'introduction qui les précède, nous tâchons de compléter nous-même l'histoire de cette invasion d'après les renseignements qu'ils nous fournissent.

Ce sont d'abord quelques lettres de Jean XXII, dont trois au moins sont inédites; c'est surtout la « Confession » du juif Baruc devant le tribunal du Saint-Office de Pamiers. — Ce dernier document, inédit, est tiré du MSS. lat. 4030 (1) de la Bibl. Vaticane, que nous avons étudié et que nous présenterons prochainement au lecteur. La *Confessio Baruc* s'étend dans le manuscrit, du fol. 28 B, au fol. 31 B.

Le juif Baruc avait été victime des excès des Pastoureaux à Toulouse. Il avait dû, bien à regret, se laisser con-

---

(1) Voici une brève description du MSS.: Lat. Vat 4030, in-folio, parchemin; 375 × 260; 325 folios dont 314 foliotés. Reliure bois et peau. Au dos, le titre: *Processus contra hereticos Valdenses,* est incomplet, car le volume renferme la procédure faite par Jacques Fournier évêque de Pamiers (1317-1326), qui fut Benoît XII, surtout contre les Cathares de son diocèse. Il n'y a que quatre Vaudois authentiques, sur une centaine d'accusés.

férer le baptême, pour échapper à la mort; mais, le danger écarté, il était retourné aux pratiques du judaisme, tenant pour nul le Sacrement reçu.

L'évêque de Pamiers, Jacques Fournier (Benoît XII), informé de son apostasie, le cite devant son tribunal. Il comparaît un mois et quelques jours à peine après les évènements de Toulouse. — Son interrogatoire nous fournit certains détails qui pourront servir à l'histoire de la «muete» des Pastoureaux du XIV⁰ siècle; il nous aide à fixer quelques dates et nous éclaire sur les procédés employés par les Pastoureaux à l'égard des Juifs. — De plus, il est intéressant, au point de vue de la procédure, par la façon dont l'évêque amène l'accusé, en usant de persuasion et de discussion, à l'acceptation volontaire des dogmes de cette religion dont la crainte lui avait ouvert les portes.

Nous ne nous arrêterons pas sur ce dernier point. Le lecteur remarquera la bienveillance avec laquelle l'évêque entreprend lui-même l'instruction chrétienne du néophyte; avec quelle patience il engage avec lui la controverse et résout ses difficultés. L'adversaire était de taille à en faire; il possédait si bien sa Loi, ses Prophètes, son Talmud, que Jacques Fournier, malgré sa science théologique, éprouva quelque peine à le réduire.

Nous insistons, de préférence, sur les renseignements historiques que la Confession de Baruc nous apporte, et à ce propos, nous reprenons brièvement l'histoire du mouvement des Pastoureaux, d'après les chroniqueurs.

I.

En 1320 (1), « commença en France une *muete* sans nulle discrecion » (2). Une sorte de vent de démence, impétueux comme une tempête, souffla dans nos campagnes. On vit, tout à coup, errer en plusieurs endroits, des bandes de gens des deux sexes, qui se donnaient pour mission d'organiser la croisade et d'aller à la délivrance des Lieux-Saints (3).

Cette troupe était singulièrement composée. C'étaient de « menues gens » (4), des hommes des champs (5), des gardiens de bœufs, de moutons et de porcs (6), qui, abandon-

(1) Bernard Gui (*Flores chron., Hist. de France,* t. XXI, p. 730) compare avec raison ce mouvement de Pastoureaux à celui qui avait eu lieu 70 ans auparavant en 1252. Cf. *Gesta S. Ludovici* (G. de Nangis), *Hist. de France,* t. XX, pp. 382, 383. — *Chron. G. de Nang., ibid.,* p. 554. — *Extr. des chron. de S. Denis, Hist. de Fr.,* XXI, pp. 115, 116. — B. Gui, *E Florib. Chron., ibid.,* p. 697 etc.

(2) *Chron. de S. Denis, Hist. de Fr.,* t. XX, p. 703.

(3) Voici les chroniques qui racontent l'épisode des Pastoureaux: *Contin. chron. G. de Nang.,* édit. Géraud, dans *Soc. de l'Hist. de France,* t. II, pp. 25-28. — B. Gui, *loc. cit.,* pp. 730, 731. — *Chron. de S. Denis, loc. cit.,* p. 703. — *Contin. chron. Girardi de Frachetto, Hist. de Fr.,* XXI, pp. 54, 55. — *Memor. Joan. a S. Victore, Hist. de Fr.,* t. XXI, pp. 671, 672. — *Chron. anon. franç., loc. cit.,* t. XXI, p. 152. — *Hist. Satirica regum, op. cit.,* t. XXII, p. 13. — *E chron. anon. Cadomensi, ibid.,* p. 26. — *E chron. Rotom. contin., op. cit.,* t. XXIII, p. 349. — *Chronographia regum Franc.* dans *Soc. de l'Hist. de France,* I, pp. 250-252. — *Baluzii, Vit. PP. Aven., vitae Joan. XXII,* auct. Amalrico Augerii, I, coll. 193, 194, et P. de Herentals, *ibid.,* coll. 180, 181. — Rainaldi, *Ann.,* 1320, XXI-XXIII.

(4) *Chron. anon. franç., op. cit.,* p. 152.

(5) *Cont. chr. Nang.,* p. 25.

(6) *Ibid.* et *J. de S. Vict., op. cit.,* p. 671.

nant leurs familles et leurs amis, laissant là leur charrue et leurs bêtes, s'en allaient à l'aventure.

C'étaient des jeunes gens « légers », des jeunes filles suspectes (1), qui espéraient trouver dans la liberté, une excuse à des mœurs irrégulières (2).

Les plus âgés n'avaient pas plus de vingt ans (3), le plus grand nombre en avaient quatorze ou quinze (4). Ils quittaient la maison paternelle contre la volonté, ou à l'insu de leurs parents (5).

Ils étaient misérablement habillés, portaient pour tout vêtement un sarreau de lin (6) et marchaient pieds nus (7). Ils ne possédaient ni argent, ni vivres. Leur bagage consistait en une besace qu'ils portaient sur leur dos, attachée à leur houlette (8).

Quel motif avait pu décider ces gens naturellement paisibles et inoffensifs à entreprendre une telle campagne ? Quelle influence avait développé en eux le goût des aventures ? — L'idée d'une croisade lancée sous saint Louis, avait une première fois séduit les paysans, à qui il n'avait manqué, pour la réaliser, que des moyens de transport. Depuis l'équipée de 1251, on n'avait cessé d'en parler et de préparer l'expédition. Il se peut que cette même idée ait réussi à soulever, à 70 ans d'intervalle, les descendants

(1) « Juvenes lascivi et juvenculae impetu dictorum juvenum commotae ». *E chron. Rotom., op. cit.*, p. 349.

(2) « Viri et mulieres velamen quaerentes malitiae libertatem ». B. Gui, *Flor. chron.*, p. 730.

(3) *Annales Paulini*, dans les *Chronicles and memorials of great Britain during the middle age*, t. I, p. 288.

(4) *Cont. chr. Nang.* et *J. a S. Victore, locis cit.*

(5) *Ibid.*

(6) *Chronographia*, p. 252.

(7) Amalric. Auger. (apud Baluz, *Vit. PP. Av.*, I, p. 193).

(8) *Chronographia, Cont. chron. Nang., loc. cit.*

des premiers pasteurs croisés et que ceux-ci, impatientés
par la longue hésitation des organisateurs, aient conçu le
dessein de se mettre en route quand même, sans songer
aux difficultés pratiques de l'entreprise.

Mais il est évident que ce dessein n'a pas germé tout
seul et simultanément dans la tête de ces pauvres gens,
surtout, qu'ils ne sont pas partis sans un mot d'ordre donné
au préalable. Le soulèvement des pasteurs a donc été lon-
guement préparé, du moins à son point initial, par des
prêcheurs de village quelconques, de bonne ou de mauvaise
foi, qui, travaillant sous-main, ont séduit l'imagination
naïve de leurs jeunes complices et ont réussi à former un
noyau solide de fanatiques et d'illuminés. Quelques chroniqueurs (1) nous signalent en effet l'existence de deux me-
neurs de cette sorte. C'étaient des gens peu recommanda-
bles: un prêtre chassé de son église à cause de ses fautes
et un moine apostat de l'ordre bénédictin.

Ces deux personnages ne dirigeaient pas effectivement
la bande, qui, de l'avis de la plupart des historiens, ne
reconnaissait ni chef ni maître (2); ils étaient de vulgaires
« trufeurs », dit la *Chronique de S. Denis* (3) qui s'étaient
joués de la crédulité des simples, en exploitant leurs mys-
ticisme mal éclairé. La petite troupe eut vite atteint,
grâce à la renommée, le chiffre de 10,000 individus (4),
venus de partout (5). A mesure qu'ils avançaient, l'embau-

(1) *Cont. Nang.*, *J. de S. Victor*, *Cont. de G. de Frachet*, *locis cit.*
(2) B. Gui, *Flor. chron.* « nullum habentes super se ducem aut
principem; » Amalr. Auger. et P. de Herentals (Baluze I, coll. 193
et 180); — Rainald. 1320, XXI; — Jordanus ap. Rainald. 1320, XXIII;
— cf. *Regest. Vatic.*, t. 110, ep. 802; *Pièces justificatives*, n° I.
(3) *Loc. cit.*, p. 703.
(4) *Chronographia*, p. 250.
(5) Walsingam, *Hist. angl.* prétend que plusieurs étaient venus
d'Angleterre. Cf. Rainald, 1320, XXIII.

chage était plus aisé; l'exemple des premiers prêchait suffisamment et entrainait des foules entières.

Ils marchaient en silence, avec un ordre apparent, placés sur deux files — comme dans une procession — la croix en tête (1). Ils visitaient les églises et les sanctuaires renommés, demandant l'aumône sous prétexte d'obtenir des secours pour leur expédition (2). Ils paraissaient, en somme, n'avoir que des desseins pieux et de saintes pensées.

Les populations leur donnaient volontiers des vivres et des subsides en argent « pour l'amour de Dieu » (3). Ils eurent longtemps la faveur de la foule, qui, ne voyant pas qu'ils pouvaient être un danger imminent, ne considérait que la noblesse de leur entreprise (4). On lui faisait, du reste, croire, que c'étaient Dieu lui-même (5) et ses anges (6) qui avaient suscité les faibles et les petits pour accomplir par eux de grandes choses.

Mais les pieuses résolutions ne durèrent pas. Voyant que leur troupe croissait sans cesse, les Pastoureaux « sentirent leur force et osèrent des actions plus téméraires » (7). Du reste, il leur était arrivé des recrues dont les desseins n'étaient rien moins que sages. C'étaient des brigands, des voleurs, des désœuvrés, des mendiants de toute sorte, qui pervertirent la troupe et l'habituèrent au pillage et au crime (8). — Dès lors, elle commença à imposer sa volonté

(1) Amalr. Auger. (Baluz. I, p. 193).
(2) B. Gui, *Flores*. P. de Herentals, (Baluz. I, 180).
(3) Amal. Auger. *loc. cit.*
(4) P. de Herentals, *loc. cit.*
(5) B. Gui, *Flores.*
(6) *Chronographia*, p. 251.
(7) B. Gui, *loc. cit.*
(8) «...Quamplures profugi et latrunculi additi sunt ad eos et facta est turba turbans pariter et turbata, ita ut auderent invadere et proedari». B. Gui, *Flores*, p. 731. Cf. P. de Herentals. (Baluz. I, p. 181).

par la force; en foulant aux pieds la raison et la justice (1).
— Le pouvoir judiciaire essayait-il de punir les coupables, ceux-ci résistaient, aidés de leurs camarades, qui brisaient, au besoin, les portes de leurs prisons (2).

C'est cette armée d'indisciplinés qui se présenta devant Paris avec le dessein de demander au roi de se mettre à la tête de la croisade (3). Philippe le Long était loin de s'opposer à ce projet (4). C'est pourquoi il parut favoriser les Pastoureaux. Ceux-ci, forts de cette sorte de protection, se montrèrent arrogants. Paris était un terrain favorable au pillage; ils ne manquèrent pas de l'exploiter. Ils eurent aussitôt maille à partir avec la police, qui en emprisonna quelques uns. Les autres, furieux, pénétrèrent dans la ville, envahirent le monastère de Saint-Martin-des-Champs, délivrèrent ceux qui étaient renfermés dans les cachots (5), puis allèrent assiéger le Châtelet. Le prévôt, Gilles Hakin, refusait de leur donner satisfaction à l'endroit de leurs prisonniers; ils le « tresbuchierent » (6) du haut d'un escalier et le laissèrent pour mort (7). Ils se retirèrent ensuite dans le Pré-aux-Clercs, après avoir constaté que les prisons de Saint-Germain-des-Prés ne renfermaient aucun des leurs (8). Ils avaient ouï dire que le chevalier du guet de-

(1) *Cont. Nang.*, loc. cit.

(2) *Ibid.*, et *J. de S. Vict.*, *Chron. de S. Denis*, *Girard. de Frachet.* *locis cit.*

(3) *Chronographia*, p. 251.

(4) Rainaldi, 1320, XXII; — Lettre de Jean XXII aux arch. de Toulouse et de Narbonne (Reg. Vat. 110, ep. 802, 803; — L. Guérard, *Documents Pontificaux sur la Gascogne*, t. I, p. 199; — *Pièces justificatives*, n° I).

(5) *J. de S. Victor*, *loc. cit.*

(6) *Chron. de S. Denis*, p. 703.

(7) *J. de S. Victor*, *Cont. chr. G. de Nangis*, p. 26 etc.

(8) *J. de S. Victor*, *loc. cit.*

vait venir, avec une troupe armée, pour leur livrer bataille. Mais le guet ne vint pas, on ne sait pour quel motif (1). Ils s'éloignèrent enfin; nul ne les inquiéta.

Satisfaits d'en avoir imposé à Paris et au roi et d'avoir gagné moralement une grande victoire, ils se replièrent sur le Midi. Ils étaient persuadés que rien ne résisterait plus devant eux. Personne ne les molestait, sachant qu'il ne l'avaient point été à Paris (2). — Ils profitèrent de cette liberté, pour se livrer aux pires désordres. Ils volèrent, pillèrent, même les clercs (3), dévalisèrent les églises et les monastères; et afin de conserver l'amitié du peuple, qui aurait pu se lasser de les nourrir et de se voir dépouillé, afin de mieux satisfaire leur soif de carnage et de rapine, ils se tournèrent contre les Juifs, ennemis légendaires des Chrétiens (4).

Ils ne laissaient à ces malheureux que deux alternatives: le baptême ou la mort (5). — Le récit de Baruc est intéressant à cet égard. Lorsqu'ils arrivaient dans une ville possédant un Ghetto, ils se ruaient dans ce quartier et pourchassaient les Juifs jusque dans leurs maisons. Si ceux-ci refusaient de recevoir le baptême, ils étaient égorgés sur le champ; sinon, on les conduisait dans l'église, où la

---

(1) *J. de S. Victor, loc. cit.*

(2) *Cont. Nangis,* p. 26; *J. de S. Victor, loc. cit.*

(3) « Fuitque detectum postmodum per nonnullos ex eis, quod in clerum et religiosos habentes divitias insurgere et eorum bona diripere disponebant.» B. Gui, *Flores,* loc. cit. — Cf. P. de Herentals, (Baluz. I, p. 181); Amalric Auger, (*ibid.* p. 194); *Hist. satirique,* loc. cit., p. 15; Rainald. citant Jordanus, 1320, XXIII. — *Reg. Vat.* t. 110, n° 802; *Pièces justific.* I.

(4) Tous les Chroniqueurs.

(5) *Hist. satirique,* loc. cit. — B. Gui, *loc. cit.,* p. 732. — Baluze I coll. 180, 193.

cérémonie baptismale avait lieu à l'instant même (1). Les biens du Juif massacré étaient confisqués au profit de la bande (2); la maison du Juif converti n'échappait même pas au pillage (3).

En agissant de la sorte, les Pastoureaux étaient assurés d'obtenir la faveur populaire: la foule, qui ne perdait pas une occasion de molester les Juifs (4), était, dans toutes ces choses, de connivence avec les envahisseurs (5). — A Toulouse, elle brisa les chaînes de quelques uns d'entre eux que le sous-viguier conduisait en prison (6). L'argument qu'ils invoquaient pour obtenir son secours, c'est, qu'en somme, leur but était saint: venger le Christ, son tombeau et ses enfants des injures que leur faisaient soient les Sarrazins, soient les Juifs (7).

Quant aux seigneurs, aux officiers royaux, aux magistrats des villes et des châteaux, ils étaient en proie à la terreur et n'osaient point, ou mieux ne pouvaient point sévir contre ces malfaiteurs enrégimentés (8). — Le baile de Grenade (9) engage deux Juifs de cette ville à fuir vers

(1) *Conf. Baruc.*

(2) *Cont. G. de Nang., J. de S. Victor, Chron. de S. Denis.* Bernard Gui, *loc. cit.* Amalric Auger (apud Baluz. p. 194).

(3) *Conf. Baruc.*

(4) Cf. *Hist. de Languedoc,* éd. Privat, IX, p. 404, note 1.

(5) « Favente vulgo... »; « ...ubicumque venirent habebant fautores qui rem a Deo fieri credebant, aut se credere simulabant ». B. Gui, *loc. cit.*

(6) *Conf. Baruc.*

(7) « .....cum propter hoc quod ipsi volebant vindicare mortem Christi, sic capti ducti essent et etiam incarcerari deberent ». *Conf. Baruc;* cf. *Cont. G. de Nang.,* p. 27.

(8) « ...Etiam ipsis communitatibus villarum et castrorum et rectoribus et praesidentibus in eisdem et principibus et praelatis ac divitibus, terrorem sui nominis et formidinem incusserunt. » B. Gui, *loc. cit.*

(9) Grenade, chef lieu de cant. (Haute-Garonne), arr. de Toulouse

la forteresse de Verdun (1), se déclarant impuissant à les protéger lui-même contre la fureur de leurs ennemis (2). Les Capitouls de Toulouse sont désarmés en face de l'agitation populaire (3). A Montgiscard (4), le baile de l'endroit fait cause commune avec les Pastoureaux et semble ratifier leurs excès (5). A Albi, à Lézat, ainsi que nous le verrons, les consuls gardent la même attitude.

La conduite du clergé, au début, ne fut pas différente. Il faisait comme tout le monde: il ne pouvait que se taire. — De très rares clercs prirent part aux déprédations. L'un d'eux, Guillaume Royssel, fut condamné plus tard à 100 livres d'amende « pour avoir donné aide aux Pastoureaux dans l'incendie de la tour de Saintes (6). — Les deux clercs chargés de surveiller le Juif Baruc, dominés par la crainte, se montraient inflexibles aux demandes du malheureux. « Si tu ne te fais baptiser, lui disaient-ils, tu seras massacré comme les autres » (7). — L'évêque d'Albi, Béraud, avait pactisé avec les Pastoureaux (8). — L'archevêque de Toulouse, craignait, en s'opposant à ces forcenés, d'attirer sur lui et son église de graves désagréments (9).

---

(1) Verdun, chef-lieu de cant. (Tarn-et-Garonne), arr. de Montauban.

(2) *Conf. Baruc.*

(3) *Ibid.*

(4) Montgiscard, chef lieu de cant. (Haute-Garonne), arr. de Villefranche.

(5) *Conf. Baruc.*

(6) *Trésor des Chartes*, JJ. 59, n° 614, cité par Lehugeur: *Histoire de Philippe le Long.*, p 420.

(7) *Conf. Baruc.*

(8) Il fut absous par une sentence des commissaires royaux du 10 nov. 1324. — Doat t. 109, f° 72, cité par *Histoire de Lang.* IX, p. 405.

(9) *Pièces justificatives*, n° V; cf. Rainaldi, 1720, XXI.

Il faut, nécessairement, attribuer cette attitude des pouvoirs ecclésiastique et civil, à la profonde terreur inspirée par l'émeute. Lorsqu'ils le pouvaient sans danger, baillis, viguiers, seigneurs, clercs et prélats, prenaient la défense des Juifs.

II.

Les Pastoureaux, en quittant Paris, prirent la route du Midi. Ils traversèrent le Berry (1), passèrent à Limoges (2) et vinrent assiéger dans la tour de Saintes, une troupe de Juifs, qui, traqués par eux, y avaient cherché refuge (3). La tour fut incendiée.

Ils ravagèrent ensuite le Périgord, le Bordelais et pénétrèrent enfin dans le Languedoc. Ils avaient alors des armes et des étendards (4). Bernard Gui dit qu'ils massacrèrent les Juifs « en Gascogne, dans la province de Toulouse, dans les diocèses de Cahors et d'Albi » (5). — A l'aide des documents que nous publions, il nous est facile de préciser ces renseignements; d'établir une chronologie assez exacte des événements ainsi que l'itinéraire de l'étrange invasion.

(1) Lettre de Jean XXII à l'archevêque de Bourges; cf. *Gall. christ.*, II, p. 79.

(2) *Anonymi S. Martialis chronic. Hist. de France,* XXI, p. 814.

(3) Voir dans Boutaric: *Actes du Parlement,* divers mandements adressés aux Sénéchaux de Saintonge et d'Angoumois, à propos des suites de l'incendie de la Tour de Saintes, en particulier les n°s 6220, 6221, 6835, 6856, 6857.

(4) Arch. du Tarn. *Albi* EE. n° 3, cité par Lehugeur, *Hist. de Philippe le Long,* p. 419. — Cf. *Confess. Baruc :* « Pastorelli portantes vexillum ».

(5) *Flor. chron.,* loc. cit.

La première date que nous puissions préciser est le jour de l'Ascension, jeudi 8 mai 1320. Ce jour là, le pape Jean XXII, fortement préoccupé des progrès des Pastoureaux, effrayé des bruits que l'on faisait courir de leur venue à Avignon, — ces bruits avaient peut-être quelque fondement, (1) — promulga des censures contre ceux en général qui prendraient la Croix sans l'autorisation du Pape (2).

A cette date, les bandes vagabondes commençaient à ravager l'Agenais (3). Je présume qu'elles durent se séparer du coté d'Agen, en deux groupes principaux; que l'un prit par la vallée du Gers, tandis que l'autre suivit le cours de la Garonne (4).

Le premier descendit en Gascogne. Il assiégea pendant huit jours, à la fin de mai ou au commencement de juin, les villes de Lectoure et d'Auvillar (5), possessions du vicomte de Lomagne, qui dut, à cause de ce contre-temps, interrompre son voyage auprès de la Curie (6). Ils parurent ensuite devant Auch (7), saccagèrent la Juiverie de Pavie (8), aux portes de cette ville, passèrent par Gimont (9) et probablement par l'Isle-Jourdain (10).

---

(1) B. Gui, *loc. cit.*, et Am. Auger (ap. Baluz., I. p. 194).

(2) Rainaldi, an. 1320, XXI.

(3) Cf. *Thalamus parvus* de Montpellier (*Soc. arch. de Montp.*), p. 345.

(4) Cette hypothèse n'est point gratuite. Il n'est pas possible d'expliquer autrement la présence des Pastoureaux sur divers points éloignés, à la fois.

(5) Auvillar, chef-lieu de cant. (Tarn-et-Garonne), arr. de Moisae.

(6) L. Guérard: *Documents Pontificaux sur la Gascogne*, I, p. 201, note.

(7) Enquête des commissaires royaux (1322-1324); cf. *Hist. de Lang.*, IX, pp. 405, 406; citant *Doat*, t. 109.

(8) Guérard, *op. cit.*, p. 198, note. — Pavie (Gers), cant. d'Auch.

(9) Gimont, chef-lieu de cant. (Gers), arr. d'Auch.

(10) L'Isle-Jourdain, chef-lieu de cant. (Gers), arr. d'Auch.

C'est cette troupe, je crois, qui, venant de Bragayrac (1), en suivant le cours de la Save, arriva le jeudi 12 juin, à Grenade (2). — La population de cette ville fraternisa (3) avec les envahisseurs et les Juifs furent traqués et mas·sacrés. Deux d'entre eux, Salomon et Eléazar, habitants du village d'Ondes (4), vinrent chercher protection près du baile de Grenade, qui se déclara impuissant à répondre de leur vie et leur conseilla de chercher refuge dans la for·teresse royale de Verdun (5). — Ce détail nous permet de conclure que le fameux siège de Verdun, raconté par les chroniques, n'avait pas encore eu lieu le 12 juin; sinon la forteresse n'aurait pu servir de refuge aux Juifs, qui y furent si fort maltraités.

De Grenade, les pastoureaux se répandirent dans le Toulousain. On trouve des traces de leur passage à Lézat (6), où les habitants les reçurent avec empressement. — Dans l'enquête qui fut faite en 1322, on reprocha à la population et aux consuls de cette ville d'y « avoir laissé circuler les Pastoureaux, avec armes défensives et offensives, de les avoir reçus avec faveur, de leur avoir fourni des vivres. Plus de vingt habitants s'étaient armés, et, étendard déployé, s'étaient joints aux Pastoureaux, au mépris de l'autorité du roi; les consuls avaient laissé enfoncer les portes de la maison du seul Juif résidant à Lézat, dont les biens avaient été pillés par les envahisseurs. Les Pastoureaux s'attaquèrent ensuite à un notaire de la ville, voulant le

(1) Bragayrac, cant. de Saint Lys (Haute Garonne), arr. de Muret.
(2) *Conf. Baruc.*
(3) Les habitants de Grenade furent poursuivis en 1322 pour ce fait. — Boutaric: *Actes du Parlement*, n° 6904.
(4) Ondes (Haute Garonne), cant. de Grenade, arr. de Toulouse.
(5) *Conf. Baruc.*
(6) Lézat (Ariège), cant, du Fossat. arr. de Pamiers.

forcer à livrer les reconnaissances de dettes contractées envers les Juifs, pour détruire ces actes, comme ils l'avaient fait à Toulouse et dans le Querci. Les consuls, malgré sa requête, ne cherchèrent point à le protéger et les actes furent brûlés. Les commissaires déclaraient que la ville méritait de perdre son consulat et sa liberté. Pour éviter les ennuis du procès, les deux parties s'accordèrent et la ville obtint un pardon complet, moyennant le paiement d'une somme de quatre cents livres » (1).

On ne sait si les Pastoureaux pénétrèrent dans le pays de Foix. La juiverie de Pamiers aurait pu les attirer; rien ne signale cependant leur passage dans cette ville.

Ils étaient à Montgiscard le 15 et le 16 juin et y avaient trouvé la faveur du baile et de ses gens (2).

Quant à l'autre bande que nous avons laissée dans l'Agenais, elle s'avança, suivant le cours de la Garonne et vint assiéger Castelsarrazin. Elle tua dans cette ville et dans les environs, cent-cinquante-deux Juifs (3); mais elle fut battue le 13 ou le 14 juin, par le sous-viguier de Toulouse, Alodet, qui ramena, le 15, dans cette cité, vingt-quatre chariots chargés de prisonniers. L'entrée de ce cortège dans la forteresse du Château-Narbonnais fut marquée par un incident dont les conséquences furent très graves. Vingt chariots avaient déjà pénétré dans le château, lorsque les Pastoureaux qui occupaient les quatre derniers se mirent à crier au secours, disant à la foule qui les entourait, qu'ils étaient maltraités pour avoir voulu venger la mort du Christ. C'en fut assez. Aussitôt des gens dévoués brisèrent leurs

____

(1) A. Molinier dans *Hist. de Lang.*, IX., p. 405, note 2; cit. *Doat*, t. 102, pp. 266, 279.

(2) *Conf._Baruc.*

(3) *Ibid.*

liens et leur rendirent la liberté. Le peuple se mit à leur suite et tous se précipitèrent dans la rue habitée par les Juifs, aux cris de : « A mort! A mort! les Juifs! ». Et le massacre commença. Notre Baruc fut surpris dans sa maison, arraché à ses études et sommé de choisir entre le baptême et la mort. A la vue du carnage que l'on faisait de ses coreligionnaires qui avaient refusé le baptême, il jugea plus prudent de consentir à le recevoir. On le conduisit sur le champ à la cathédrale Saint-Etienne, où il fut remis entre les mains de deux clercs chargés de veiller à l'exécution des ordres reçus. En vain essaya-t-il de **gagner du temps**, et d'échapper par la ruse à cette cérémonie qui lui répugnait ; vainement invoqua-t-il le secours de personnages influents ; rien ne réussit. Finalement, il reçut l'eau baptismale, qui le faisait chrétien quoi qu'il en eut (1).

Le massacre continua au dehors et ne finit qu'à l'heure de vêpres. Cette journée avait coûté la vie à cent-quinze Juifs (2).

Fiers de leur succès, les Pastoureaux se mirent à piller de plus belle le pays Toulousain. — C'est probablement ces jours-là qu'eut lieu le siège de Verdun (3). La troupe qui avait subi un échec à Castelsarrazin se reforma et se concentra autour de la forteresse royale qui était très puissante. Les Juifs, pourchassés par leurs ennemis, s'y étaient réfugiés en grand nombre, confiants dans la solidité des

(1) *Conf. Baruc.*

(2) *Conf. Baruc.* — B. Gui, *Flor. chron:* « In ipsa civitate Tholosana suam vesaniam, connivente et favente vulgo, exercentes, Judaeos una die subito trucidarunt, regalis curiae et consulum potentia non obstante ». — Cf. Amalr. Auger. (Baluz., I, cc. 193, 194).

(3) B. Gui, Amalr. Auger, *loc. cit.*

murs du château (1). Le capitaine leur avait bénévolément accordé ce refuge (2).

Les Pastoureaux vinrent les y assiéger. La résistance des Juifs fut opiniâtre. Ils lançaient sur les assaillants tous les projectiles qu'ils avaient sous la main: pierres, poutres de bois, objets de toute sorte. Quand ils n'eurent plus rien, disent les chroniqueurs, ils leur lancèrent leurs propres enfants (3).

Les assiégeants frappés de la sauvage ténacité de leur ennemis, mirent le feu aux portes. Les Juifs se sentant perdus et préférant se donner la mort eux-mêmes que de tomber entre les mains des incirconcis, chargèrent le plus robuste d'entre eux de la pénible mission d'égorger tous ses camarades. Cinq cents périrent de la sorte; quelques enfants furent seuls réservés. Alors, le meurtrier se présentant aux assaillants, leur raconta ce qui venait de se passer dans la tour et demanda le Baptême. Les Pastoureaux indignés, le « dépiécèrent pièce à pièce » (4).

Le siège de Verdun se termina de cette barbare façon. Les Pastoureaux se dirigèrent alors vers Albi. Sur leurs route ils pillèrent les villes de Rabastens (5) et de Gaillac (6).

(1) *Cont. Chr. Nang.*, p. 26.
(2) *J. de Saint Victor, loc. cit.*
(3) *Cont. Chron. Nang.; J. de Saint Victor ; Chron. de Saint Denis ; Girard. de Frachet.*
(4) Bibl. nat. Ms. franc. 10132, fol. 402 v° (*Chron.*), cité par Lehugeur. *Hist. de Phil. le Long*, p. 419. — Voir le récit du siège de Verdun dans *Cont. Nangis*, pp. 26. 27; *J. de S. Victor*, p. 671, 672; *G. de Frachetto*, p. 54; *Chron. de S. Denis*, p. 703; et aussi une allusion à ce fait dans B. Gui (*Flores*, p. 731) Amalr. Auger, (Baluz, I p. 194) qui seuls, nomment la ville de Verdun; et Rainaldi, 1320, XXIII.
(5) Rabastens, chef-lieu de cant. (Tarn) arr. de Gaillac.
(6) Enquête de 1322-1324, Arch. municip. d'Albi EE 3 orig. scellé, cité par A. Molinier. *Hist. de Lang*, IX, p. 405, note 4.

Ils étaient à Albi le 25 juin ainsi qu'il résulte d'un document daté de ce jour même (1). — On relève dans l'enquête faite par les commissaires royaux en 1324 (2), les accusations portées contre les consuls et les habitants de cette ville. Non seulement ils n'avaient rien fait pour en fermer les portes aux Pastoureaux, alors qu'ils pouvaient efficacement opposer de la résistance, mais encore, ils les avaient reçus par groupes, fêtés, nourris, logés, sachant cependant que ces gens-là venaient à Albi pour piller, ainsi qu'ils l'avaient fait ailleurs. Ils n'y avaient, du reste, pas manqué; et, avec l'aide des habitants, ils avaient tué les Juifs, volé leurs biens et occasionné à la ville un dommage de plus de mille livres tournois (3).

D'Albi, les Pastoureaux prirent le chemin de Carcassonne où, du reste, la plupart d'entre eux ne devaient point arriver. Avant d'assister à leur débâcle, nous allons dire quelles mesures les autorités civile et ecclésiastique leur opposèrent.

III.

Nous avons dit que le pape avait promulgué, le 8 mai, jour de l'Ascension, des censures, contre ceux qui se croiseraient sans ses ordres. — Il se mit en mesure de porter

(1) Le 25 juin, le juge temporel de l'évêque d'Albi et les consuls signifièrent aux officiers royaux d'avoir à remédier incessamment aux désordres de « plusieurs étrangers et inconnus qui se disaient *pastoureaux*, étant entrés ou ne cessant d'entrer dans la ville, où ils commettaient beaucoup de désordres... » Acte publié par Compayré, pp. 251, 252. Cf. *Hist. de Languedoc* IX, p. 403.

(2) Compayré pp. 252-255; Arch. mun. d'Albi EE, 3.

(3) Les accusés se défendirent vivement et expliquèrent leur conduite en donnant d'excellentes raisons. Ils n'en furent pas moins condamnés à payer 800 livres tournois d'amende. Cf. Compayré, pp. 252, 255; *Hist. de Lang*, L. IX, note de M. A. Molinier pp. 405, 406.

cette sentence à la connaissance des prélats et des officiers civils et militaires qui devaient la faire exécuter.

Il adressa, dans ce but des lettres, le 19 juin, aux Archevêques de Toulouse (1), de Narbonne (2) et d'Arles (3) et à leurs suffragants, le 22 juin, au viguier d'Avignon (4), le 29 juin, au sénéchal de Beaucaire (5), puis à celui de Toulouse et à tous ceux de France (6).

Ces lettres se ressemblent toutes et pour le fond et pour la forme. Le pape se plaint des excès commis par les Pastoureaux, dit leur prétention d'aller en Terre-Sainte et les traitements qu'ils font subir aux Juifs. Pour ce qui concerne la croisade, son désir serait, comme celui du roi de France, qu'elle put s'accomplir. Mais il est bien évident que l'initiative ne doit point venir de gens qui ne sont capables que de désordres. — Afin que ces abus cessent, le pape ordonne aux prélats d'amener les Pastoureaux, — en usant, s'il le faut, des censures ecclésiastiques et de peines temporelles quand ils le pourront, — aux officiers civils et militaires, de les contraindre par la force, à renoncer à leur projets.

La lettre au viguier d'Avignon, prouve que le Comtat et le diocèse d'Avignon étaient à cette date, comme les diocèses de Languedoc, infestés, sinon encore par des bandes venues d'Aquitaine, du moins par des gens qui leur étaient dévoués et qui attendaient leur arrivée pour grossir leur nombre.

---

(1) *Reg. Vat.* 110, ep. 802; Guérard, *Docum. pont. sur la Gascogne*, pp. 197, 199; *Pièces justific.* I.

(2) *Ibid.*

(3) *Reg. Vat.* t. 70, n° 73 curial.; *Pièces justific.* IV.

(4) *Ibid.* III.

(5) *Reg. Vat.* t. 70, n° 73 curial.; *Pièces justific.* II; cf. Rainaldi, 1720, XXI.

(6) Cf. *Reg. Vat.* 110, n° 803.

Les ordres du pape n'étaient pas encore parvenus à Toulouse que l'archevêque, Raimond de Comminges, sous le coup des massacres du 15 juin et des forfaits des bandits, expédiait un courrier à Avignon, pour demander conseil au Pontife, sur la conduite à tenir dans ces pénibles circonstances. Il avait — ainsi qu'on le voit dans la réponse du pape — supplié quelques personnes, [« aliquibus »], sans doute les représentants de la force publique, de sévir contre les émeutiers, s'abstenant de travailler lui-même, par crainte de s'attirer de graves inconvénients, à réprimer les excès de ces hommes. Que pensait le pape de cette abstention ? (1).

De son côté, le sénéchal de Toulouse, aussi embarrassé que l'archevêque, adressa à Jean XXII, un message dans le même but (2).

Les mêmes courriers portèrent la réponse pontificale. Le pape (3) rappelle à l'archevêque qu'il lui a tracé déjà sa ligne de conduite dans les lettres envoyées quelques jours auparavant et qui doivent, à cette heure, lui être parvenues. Il répète ses recommandations et ajoute quelques moyens pratiques dont l'archevêque pourra user dans son diocèse, pour convaincre et réduire les Pastoureaux. — Avant tout, il devra s'inspirer des circonstances, user des moyens qu'elles lui fourniront, et dont lui seul, qui voit les choses de prés, peut être juge. — Il pourra, par exemple, convoquer quelques habitants appartenant aux divers quartiers de sa ville et leur montrer quels graves dangers résulteraient, pour eux-mêmes et pour la ville, je ne dis

______

(1) *Reg. Vat.* t. 110, n° 803; *Pièces justific.* V. Voir le début de la lettre.

(2) *Reg. Vat.* t. 110, n° 805; *Pièces justific.* VI. Début de la lettre.

(3) *Reg. Vat.* t. 110, n° 803; *Pièces justific.* V.

pas de la faveur, mais même de la simple tolérance, qu'ils accorderaient aux Pastoureaux.

Pour les convaincre, il usera de la persuasion, de monitions, en secret ou en public, de prédications, d'exhortations, de reproches; il pourra même avoir recours aux peines ecclésiastiques et, dans les lieux sur lesquels il a juridiction temporelle, il pourra porter une défense catégorique; en un mot, il devra employer les moyens qui lui paraîtront proportionnés au temps, à la qualité des personnes, de façon à empêcher que ses diocésains ne donnent leur faveur aux Pastoureaux.

La réponse au sénéchal (1), se borne à rappeler l'invitation précédemment envoyée par le pape aux sénéchaux et aux prélats et prévient le destinataire que Sa Sainteté a signalé à l'archevêque, des remèdes proportionnés aux circonstances.

Quelques jours après, le 9 juillet, Jean XXII, affligé du sort malheureux fait aux Juifs par leurs persécuteurs, écrivit, aux princes, seigneurs, sénéchaux, juges, baillis, aux populations des villes et des villages, une lettre pour les supplier d'accorder une protection efficace aux Juifs du Comtat Venaissin et de quelques autres villes (2). — Enfin par sa bulle du 22 juillet, il ordonna aux officiers du Comtat et des possessions du Saint-Siège, d'éviter à l'égard des Juifs, convertis à la suite des menaces des Pastoureaux, toute molestation et toute injure contre leurs personnes et leurs biens, leur enjoignant de les traiter avec

(1) *Reg. Vat.* t. 110; n° 805; Guérard, *op. cit.* pp. 200, 201; *Pièces justific.* VI.

(2) *Reg. Vat.* t. 70 com. n° 952; *Pièces justific.* n° VII; cf. Rainaldi, 1720, XXIII.

bienveillance, afin de leur enlever tout prétexte de retourner au Judaïsme (1).

Il résulte de tous ces documents que le pape fit tout son possible pour mettre un terme aux crimes et aux désordres des Pastoureaux. — Il nous reste à dire si ses invitations furent entendues, ses ordres compris, et tout d'abord quelles mesures furent prises par l'autorité royale pour combattre le fléau.

Il paraît bien qu'à la date du 1er juillet, le roi n'avait encore rien fait. Le pape s'en plaint dans une lettre au Cardinal-Légat Gancelme (2). Il s'étonne « que la prévoyance royale ait négligé de réprimer les excès et le pernicieux exemple des Pastoureaux, qu'on devrait plutôt appeler loups rapaces et homicides dont les procédés offensent gravement la Majesté Divine, deshonorent le pouvoir royal et préparent pour tout le royaume des dangers inexprimables, si on ne les arrête ». — Ces paroles sont claires. Le roi y est taxé de négligence. Il finit vraisemblablement par ouvrir les yeux et donna des ordres pour qu'on mit fin aux fantaisies sanguinaires des persécuteurs.

Les sénéchaux, eux, avaient reçu la lettre du pape et compris qu'il fallait finalement se décider à employer la force (3). Les bandes armées se dirigeaient vers Carcassonne et le Bas-Languedoc; leur but était Aigues-Mortes où ils avaient le dessein de s'embarquer pour l'Orient.

_____

(1) *Reg. Vat.* t. 70, n° 115, de curia; *Pièces justific.* n° VIII; cf. Rainaldi, *loc. cit.*

(2) *Reg. Vat.* t. 110, ep. 795; Guérard, *op. cit.* p. 201; cf. Rainaldi, 1320, XXIII.

(3) « Coeperunt autem vix tandem praesidentes et rectores communitatum, villarum et locorum eis vias praecludere et obsistere et fortalicia contra eos claudere et munire ». B. Gui, *loc. cit.*

Aimeric de Cros, sénéchal de Carcassonne, informé de leur approche lança « par ordre du roi » — disent le Continuateur de G. de Nangis (1) et Gérard de Frachet (2), — une proclamation dans les villes et les villages, portant défense, sous peine de mort, aux populations, d'aider les brigands, en quoi que ce fut et faisant obligation à tous, de protéger les Juifs, sujets du roi, contre les vexations des Pastoureaux. Cette proclamation resta sans effet; le peuple continua à favoriser les ennemis des Juifs, prétendant qu'il n'était pas juste de défendre des infidèles et des ennemis de la foi, contre de fidèles et bons catholiques (3).

En même temps, le sénéchal réunissait une armée qui vint leur livrer bataille à quelques lieues de Carcassonne (4). Le comte de Foix prit part à cet engagement et décida de son issue (5). Les Pastoureaux y furent massacrés en masse. On fit une multitude de prisonniers, dont quelques-uns furent pendus. Cependant un bon nombre prirent la fuite (6). Ceux-ci, reformant leurs bandes, se dirigeaient en toute hâte vers Narbonne. Le sénéchal Aimeric de Cros en informa dès le lendemain de sa victoire, le 29 juin, les consuls de cette ville qui répondirent que, conformément aux ordres reçus, ils feraient bonne garde aux portes (7).

Dans toute la sénéchaussée de Carcassonne, la défense fut organisée. Le clergé s'unit aux officiers civils. Le Ca-

---

(1) Ed. Géraud, p. 27.

(2) *Hist. de Fr.*, XXI, p. 55.

(3) *Cont. G. de Nangis*, p. 27; *J. de S. Victor*, *loc. cit.*, p. 672.

(4) D'après Bouges, *Hist. de Carcassonne*, p. 228, le combat aurait eu lieu entre Salvaza et Herminies (Aude), arr. de Carcassonne.

(5) Il est bon de remarquer que Gaston II de Foix n'avait alors que 12 ans. *Hist. de Langued.*, IX, p. 352.

(6) *Cont. Nang.*, p. 27; *J. de S. Victor.*, *loc. cit.*

(7) *Doat*, 52, f°s 67-69.

mérier du pape prêcha et fit prêcher la croisade contre les rebelles (1). Les prélats finirent par gagner les populations (2); les autorités des villes fermèrent leurs portes aux vagabonds; on leur barra les routes, les défilés des montagnes; on leur refusa vivres et logement; on fit si bien que ceux qui ne furent pas pendus ou mis en prison, moururent de faim et de fatigue (3). — Le sénéchal de son côté poursuivit sa marche vers Toulouse; partout où il trouvait des Pastoureaux, il les pendait à des gibets et aux arbres du chemin, « ici vingt, ici trente » (4).

De sorte qu'il ne resta plus, en automne (5), dans le Midi, que quelques troupes de ces bandits découragés, rôdant, sans abri, morts de faim et de fatigue.

Quelques-unes de ces bandes, s'il faut en croire plusieurs chroniqueurs, allèrent jusqu'à Avignon où se trouvait le pape (6), mais n'y firent que passer (7). D'autres chroniqueurs plus sérieux (8), disent au contraire que la ville d'Avignon fut préservée de leur invasion par l'extermination qui en fut faite dans le Languedoc et que le pape et les cardinaux en furent quittes pour la peur.

D'après la *Chronographia* (9), Philippe de Valois, pour débarrasser la France de ces ribauds les mena en Italie

(1) *Hist. Satirique, Hist. de France*, XXII, p. 15; Jordan. cité par Rainaldi, 1320, XXIII.

(2) *Amalr. Auger.* (Baluz., I, p. 194).

(3) *E chron. anon. Cadomensi, Hist. de France*, t. XXI, p. 26.

(4) *Cont. chron. Nang.*, p. 28; *J. de S. Victor*; *B. Gui*; *Chron. de S. Denis, loc. cit.*

(5) *B. Gui, Flores.*

(6) *Annales Paulini*, dans les *Chronicles and memorials of Great Britain during the middle age*, I, p. 288, seqq.

(7) «Qui usque ad Avinionem... transierunt». *E chron. anon. Cadomensi, Hist. de France*, XXII, p. 26.

(8) *B. Gui, Amal. Auger., loc. cit.*

(9) *Soc. de l'Hist. de France*, p. 251.

combattre les Gibelins de Verceil. On leur persuada facilement qu'ils partaient pour la Croisade contre les Sarrazins. Ils passèrent le mont Saint-Bernard et parurent devant Verceil, où un combat fut livré. Les Pastoureaux croyant avoir affaire à des Sarrazins frappèrent les ennemis avec leurs houlettes, en tuèrent plusieurs, mais furent eux-mêmes exterminés jusqu'au dernier. C'était ce que l'on voulait.

Tel est le récit de la chronique. Il est assez vraisemblable que Philippe de Valois, pour délivrer son pays d'un bon nombre de ces brigands embarrassants — tandis que les officiers royaux exterminaient leurs frères en Languedoc — ait conduit ceux-ci en Italie pour les faire tuer. Le siège de Verceil eut lieu en août 1320. De sorte qu'en automne de cette année, ainsi que le dit Bernard Gui, les Pastoureaux furent tous dispersés ou détruits (1).

Il en resta cependant quelques-uns dans le midi. Charles IV se plaint en novembre 1322 que les Pastoureaux aidés par les habitants de Lézat, (Ariège), courent encore en armes et enseignes déployées, dans les sénéchaussées de Toulouse et de Carcassonne (2).

Enfin, on lit dans la *Chronique d'Avranches* qu'en 1333, une troupe d'entre eux va faire un pèlerinage au mont Saint-Michel (3).

« Ils avaient poussé en un moment, comme une courge, dit Bernard Gui ; il suffit d'un rayon de soleil qui sécha leur racine pour les faire s'évanouir comme fumée » (4).

---

(1) B. Gui, *Flores*.

(2) Lehugeur, *op. cit.*, p. 421, note 5, citant *Doat*, t. 2, f° 328 et t. 102, f° 266.

(3) *E chron. Abrincen.*, *Hist. de France*, t. XXIII, p. 569.

(4) *Flores chron.* ; *E chron. Rotom. cont.*, *Hist. de France*, XXIII, p. 349 ; *Cont. Nang.*, p. 28 ; *J. de S. Victor*, etc.

PIÈCES JUSTIFICATIVES

I. *Lettre du pape Jean XXII aux archevêques de Narbonne* (1) *et de Toulouse* (2) *et à leurs suffragants, pour leur recommander de réprimer les excès des Pastoureaux.* — [19 juin 1320].

(*Reg. Vat.*, t. 110, ep. 802. — L. Guérard : *Documents Pontificaux sur la Gascogne*, t. I, pp. 197-199).

Venerabilibus fratribus Archiepiscopo Narbonensi ejusque suffraganeis.

Cum difficile procul dubio fore noscatur quod ordinato peragantur exitu que inordinato sunt inchoata principio, indicit nobis apostolice servitutis officium ut talium inordinationum processibus, presertim cum ex eis suboriri scandala formidantur, oportune provisionis remediis occurramus.

Habet siquidem multorum fide digna relatio quod nonnulli porcorum et ovium aliorumque custodes animalium rusticani qui se nominant *pastorellos*, ignorantes tramitem rationis, ac transfretare se velle in Terre Sancte subsidium pretendentes, congregationes varias in diversis partibus ordinare, impuberibus ad hoc et mulieribus imprudenter assumptis, tam indiscrete quam improvide moliuntur, nonnullis aliis successivis diebus ad congregationes accedentibus supradictas, quorum multi armis carent necessariis

(1) Bernard de Farges, transféré de Rouen à Narbonne le 5 mai 1311, mort en juillet 1341. (*Gall. christ.*, VI, col. 87-90).

(2) Jean Raimond de Comminges, transféré de Maguelone le 25 juin 1317, premier archevêque de Toulouse, cardinal le 18 décembre 1327, mort le 20 novembre 1348. (*Gall. christ.*, XIII, coll. 38, 39).

ad bellandum, et quidam ex eis insufficienter armis necessariis sunt moniti, omnesque ad transfretandum destituti
pariter quolibet apparatu, nullum sequi ducem, nullumque
sibi supponere capitaneum, et nullum noverunt assumere
directorem; et, quod est in eis gravius detestandum, ad im-
pietatis opera laxantes crudeliter manus suas, quamplures
immaniter gladiis trucidarunt, diversorum tam clericorum
quam laycorum et etiam judeorum bona, temporis oportunitate captata, violenta predatione subripiunt, et ea in usus
proprios, non sine grandi nostri Redemptoris offensa et
proprie salutis dispendio, convertentes, pluribus diversorum
principum et magnatum officialibus graves et enormes in-
jurias irrogarunt. Non enim hominum tam imprudentum
obsequia, qui per improbos actus ostendunt devotione se
steriles, redduntur in occulis divine magestatis accepta, nec
eorum terra predicta subsidio, cum sint viribus et faculta-
tibus impotentes, in suis potest necessitatibus adjuvari.

Cum igitur ad ipsius terre passagium, quod specialiter
insidet cordi nostro, cum carissimo in Christo filio nostro
Philippo rege Francie illustre qui, signo munifice crucis
assumpto, ad ipsius terre subsidium et succursum desideranter aspirat, et super hoc diversa jamdudum et utilia
exquirendo consilia laboravit, et indefessis non cessat studiis
laborare, promptis desideriis intendamus, et multis scandalis variisque periculis que frequenter in diversis partibus
ex tam inordinatis congregationibus, sicut manifeste docet
magistra rerum experiencia, provenerunt, in scrutinio debite considerationis adductis, et ne similia contingant in
posterum, paterne diligencie studiis prospicere cupientes,
fraternitati vestre, de fratrum nostrorum consilio, per apostolica scripta committimus et mandamus quatenus vos et
singuli vestrum, per vos vel per alios, omnes et singulos
qui nominantur, ut predicitur, pastorelli, et quosvis alios
de congregationibus antedictis, quocumque nomine censeantur, qui, ut predicitur, se velle asserunt transfretare,
tam clericos quam laycos, per singulas vestras civitates et
dioceses constitutos ex parte nostra monere et inducere stu-

deatis ut a premissis, donec de prefato negocio, Deo dirigente, fuerit ordinatum, desistere ac resilire procurent, ipsos
ad hoc, si opus fuerit, per censuram ecclesiasticam, nec non
et eos in quos temporalem jurisdictionem habetis per temporales penas de quibus expedire videritis, appellatione
postposita, compellendo.

Datum Avinione XIII kalendas julii anno quarto.

In eundem modum, *archiepiscopo Tholosano ejusque suffraganeis.*

II. *Lettre du pape Jean XXII au Sénéchal de Beaucaire* (1)
sur le même sujet. — [29 juin 1320].

(*Reg. Vat.*, t. 70, cur., n° 73. — Rainaldi, a. 1320, XXI).

Cum difficile procul dubio... etc. (*Comme la précédente*).
Datum Avinione, III kalendas julii, anno quarto.

III. *Au Viguier de l'évéché d'Avignon, sur le même sujet.*
— [22 juin 1320].

(*Reg. Vat.*, t. 70, cur., n° 73).

*In eundem modum, diecto filio... vicario episcopatus Avi-
nionensis, auctoritate apostolica constituto etc.*

Cum difficile *etc. ut supra proxime, usque* prospicere cupientes discretioni tue, de fratrum nostrorum consilio, per
apostolica scripta commictimus et mandamus, quatinus, per
te vel per alium, seu alios, omnes et singulos qui nominantur, ut predicitur, *Pastorelli* et quosvis alios de congregacionibus antedictis, quocumque nomine censeantur, qui,
ut predicitur, se velle asserunt transfretare, tam clericos
quam laicos, per civitatem et diocesim Avinionen. constitutos, ex parte nostra, monere et inducere studeas, ut a
premissis, donec de prefato negocio, Deo dirigente, fuerit
ordinatum, desistere et resilire procurent; ipsos, ad hoc,

(1) Miles de Noyers (*Hist. de Lang.*, IX, p. 406).

si opus fuerit, per censuram ecclesiasticam, necnon et eos
in quos episcopus Avinionen., qui est pro tempore, iurisdictionem obtinet temporalem, per temporales peuas, de
quibus expedire videris, appellatione postposita, compellendo.

Datum Avinione, X kal. julii, anno quarto.

IV. *A l'Archevêque d'Arles et à ses suffragants, sur le
même sujet.* — [19 juin 1320].

(*Reg. Vat.*, t. 70, cur. n° 73).

In eundem modum, Venerabili fratri.... (1) *Archiepiscopo
Arelaten., eiusque suffraganeis etc.*

Cum difficile procul dubio, *etc. ut supra, usque* prospicere cupientes, fraternitati vestre, de fratrum nostrorum
consilio, per apostolica scripta commictimus et mandamus
quatinus, vos et singuli vestrum, per vos vel per alios,
omnes et singulos qui nominantur, ut predicitur, *Pastorelli*
et quosvis alios de congregacionibus supradictis, quocumque
nomine censeantur, qui, ut predicitur, se velle asserunt
transfretare, tam clericos quam laicos, per singulas vestras
civitates et dioceses constitutos, ex parte nostra monere et
inducere studeatis, ut a premissis, donec de prefato negocio,
Deo dirigente, fuerit ordinatum, desistere ac resilire procurent, ipsos ad hoc, si opus fuerit, per censuram ecclesiasticam, necnon et eos in quos temporalem iurisdictionem
habetis, per temporales penas de quibus videritis, appellatione postposita, compellendo.

Datum Avinione, XIII kal. julii, anno quarto.

---

(1) Gaillard de Saumate, transféré de Maguelone à Arles le
8 février 1318, mort le 31 juillet 1323. (*Gall. christ.*, I, col. 575).

V. *Le pape répond à la consultation de l'archevêque de Toulouse, au sujet des mesures à prendre contre les Pastoureaux, avec l'indication de quelques-unes de ces mesures. —* [Fin juin 1320].

(Inéd. *Reg. Vat.*, t. 110, n° 803).

Item, super eodem.... (1) *archiepiscopo Tholosano.*

Per tuas litteras quas recepimus noviter, illorum excessus qui se nominant *Pastorellos*, quique velle se asserunt transfretare in subsidium Terre Sancte, in personas et bona Iudeorum de partibus ipsis, temeraria presumptione commissos, nobis intimare curasti; adiciens in litteris supradictis, quod, ab aliquibus, ut tam contra eos quam contra fautores, adiutores et receptatores eorum procederes *(sic)* (2) extiteras requisitus. Tu vero, que tibi et ecclesie tue dispendio in personis et bonis ex huius processu poterant provenire considerans, ab eodem abstinere processu proinde studuisti, nos quid agendum a te super hoc existeret, per dictas litteras consulendo.

Super quo tuam nolumus ignorare noticiam, quod nos, per aliquos dies ante receptionem litterarum huiusmodi, dictorum Pastorellorum auditis excessibus et demum cum fratribus nostris deliberatione prehabita, tibi ac suffraganeis tuis et nonnullis aliis prelatis, necnon et universis senescallis et officialibus aliis ac nobilibus regni Francie, de fratrum ipsorum consilio, per litteras nostras, quas tibi videlicet et suffraganeis antedictis duximus dirigendas, ad te iam credimus pervenisse, rogandos duximus attencius et hortandos, tibi nichilominus et dictis suffraganeis ac prelatis mandantes expresse, ut cum ad ipsius terre passagium quod specialiter insidet cordi nostro, cum carissimo in Christo filio nostro Philippo rege Francie illustre *(sic)* — qui, signo vivifice crucis assumpto, ad ipsius terre subsidium et succursum desideranter aspirat et super hoc diversa iam-

(1) Raimond de Comminges (voir ci-dessus).
(2) Il faut lire vraisemblablement: *procederent.*

dudum et utilia perquirendo consilio laboravit et indefessis
non cessat studiis laborare — nostra suspiraret intentio,
ac multis scandalis variisque periculis que frequenter in
diversis partibus ex inordinatis congregationibus talium,
sicut manifeste docet magistra rerum experientia, provenerunt, in scrutinio debite considerationis adductis et ne similia contingerent in futurum, paterne diligentie studiis
prospicere cupientes, tu et ipsi, per vos vel per alios, omnes
et singulos qui nominantur, ut predicitur, Pastorelli, et
quosvis alios de congregationibus eorumdem, quocumque
nomine sencerentur (sic) qui se velle dicerent transfretare,
tam clericos quam laycos, per vestras civitates et dioceses
constitutos, videlicet singuli vestrum in singulis vestris civi-
tatibus et diocesibus ex parte nostra, monere et inducere
curaretis, ut a premissis, donec de prefato passagio, Deo
dirigente, contingeret ordinari, desistere ac resilire cura-
rent; ipsos ad hoc, si opus foret, per censuram ecclesiasticam, necnon et eos in quos iurisdictionem obtineritis for-
sitan temporalem, ipsique senescalli, officiales et nobiles,
eosdem Pastorellos et alios de congregationibus antedictis
per iurisdictionem et terras consistentes ipsorum, laycos
tamen per temporales penas, de quibus videretur expediens,
cohibendo.

Verum, ut contra pastorellos eosdem congruum possit
in tuis civitate et diocesi remedium adhiberi, consultationi
tue duximus respondendum quod, cum actibus non sit datum
humanis in eodem statu persistere, set (sic) iuxta varietates
temporum, condiciones varientur etiam agendorum, per te,
dictorum pastorellorum processibus et huiusmodi negocii
circumstantiis universis quas, tanquam tuis in eisdem civitate et diocesi Tholosana subiectas conspectibus, plenius
intueri poteris et palpare, provida circumspectione pros-
pectis, aliquos populares de quolibet vico civitatis Tholo-
sane, de quibus tue fraternitati videbitur, ad tuam facias
presenciam evocari et eis periculis que possent eisdem et
universitati civitatis ipsius, nedum ex favore Pastorellis
impenso predictis, set ex ipsorum tolerantia sola proferre,

diligenter ostensis, ipsos, nunc secrete, nunc publice, nunc specialiter illos de quibus credideris expedire efficacis persuasionis instantia, nunc generaliter universos, verbo publice predicationis, monendo, exhortando et etiam increpando, nunc per spiritualium penarum comminationem et inflictionem debitam, nunc per publice preconisationis edictum, in locis presertim in quibus iurisdictionem obtines temporalem, et alia congrua et oportuna remedia, de quibus secundum dispositionem temporis, qualitatem, condicionem et statum negocii videris expedire, omnes et singulos, tam de civitate predicta, quam alios de tua diocesi Tholosana, a predictis congregationibus et quolibet Pastorellorum ipsorum favore studeas revocare ; nobis per litteras tuas, quicquid feceris in premissis et qualiter dicti Pastorelli et congregationes disponuntur ipsorum, sepius rescripturus (1).

VI. *Le Pape répond au Sénéchal de Toulouse, sur le même sujet.* — [Fin juin 1320].

(*Reg. Vat.*, t. 110, n° 804.— L. Guérard, *Documents*, etc., pp. 199, 200).

Dilecto filio nobili viro Guiardo Guidonis
senescallo Tholosano.

Significasti nobis per litteras tuas, graves et enormes excessus per illos qui se nominant *Pastorellos* in personas et bona judeorum ipsarum partium, non absque carissimi in Christo filii nostri Philippi regis Francie illustris injuria, perpetratos, petens contra eos per providenciam apostolice sedis de congruo remedio provideri. Ad quod tibi duximus respondendum quod per aliquos dies ante receptionem hujusmodi litterarum, dictorum pastorellorum auditis excessibus, diversos prelatos, ac te et alios senescallos et officiales ac nobiles regni Francie per nostras litteras rogandos duximus attencius et hortandos, prelatis man-

(1) Sans date ; probablement, fin juin 1320.

dantes eisdem, ut ipsi per spirituales, tu vero ac senescalli, officiales et nobiles supradicti, per temporales penas curaretis pastorellos eosdem ab eorum congregationibus cohibere. Verum, ut contra pastorellos ipsos congruum possit in partibus illis remedium adhiberi, venerabili fratri nostro archiepiscopo Tholosano, qui nos per litteras suas super excessibus consuluerat antedictis, duximus respondendum qualiter contra pastorellos eosdem habeat providere, prout in litteris responsionis hujus poteris intueri.

VII. *Le pape recommande les Juifs du Comtat Venaissin et d'autres lieux à la protection des princes, seigneurs, juges, officiers civils etc. — [9 juillet 1320].*

(Reg. Vat. t. 70 com. n° 952).

Carissimis in Christo filiis Universis principibus Christianis, necnon et dilectis filiis nobilibus viris, Ducibus, Marchionibus, Comitibus, Baronibus, senescallis, iusticiariis potestatibus, Capitaneis et Baiulis ceterisque dominis temporalibus, universitatibus quoque et communitatibus civitatum, castrorum, villarum et aliorum quorumque locorum et aliis universis et singulis ad quos presentes littere pervenerint.

Deccet *(sic)* Sedis Apostolice pietatem, ut eo promptius tueatur, cum expedit, sua defensione, Iudeos, quod specialius sunt in testimonium catholice fidei reservati. Cum igitur quorumdam Congregatio malignorum, qui se nominant *Pastorellos*, se in Terre Sancte velle transfretare subsidium pretendentes, diversorum multitudinem Iudeorum in pluribus locis et partibus crudeli neci tradiderint sine causa, bonis eorum hostili predacione direptis, et ut alios valeant simili severitate necare, perversos eorum conatus exponant, nos illos ex prefatis Iudeis qui in Comitatu nostro Venayssini ac de Bidarida (1) et de Novis, castris Avinionen. dio-

---

(1) Bédarrides, chef-lieu de canton, arr. d'Avignon, Vaucluse. La seigneurie de Bédarrides était un fief de l'évêché d'Avignon donné

cesis, ad ecclesiam Avinionen. spectantibus, commorantur,
a dictorum pastorellorum sevicia servari cupientes illesos,
Universitatem vestram rogamus et hortamur in Domino
Ihesu Christo, quatinus, Iudeis universis et singulis in Comitatu et castris eisdem morantibus, sic pro nostra et dicte
Sedis reverencia, defensionis vestre adesse velitis presidio,
quod nullam in eorum personis, bonis, vel rebus, per dictorum Pastorellorum perfidiam sensiant lesionem, Nosque
devocionem vestram proinde commendare possimus.

Datum Avinione, VII idus julii, anno quarto.

VIII. *Le pape recommande aux officiers civils et militaires du Comtat Venaissin et des autres possessions du Saint-
Siège, de protéger les biens des Juifs nouvellement convertis.*
[22 juillet 1320].

(Reg. Vat. t. 70 cur. n° 115).

Ad perpetuam rei memoriam.

Dignum arbitrantes et iuri consonum fonte renatos Bap-
tismatis, iudaica cecitate dimissa, amplioribus favoribus ac
gratiis quam antea abundare, ac indecens et absurdum ut
qui in perfidia abundarent, cogantur mendicare fideles, universis et singulis rectoribus et aliis officialibus Comitatus
Venesini aliarumque Comitatuum et terrarum pertinencium
ad Apostolicam Sedem, districte precipimus et mandamus,
quatinus, conversis huiusmodi et qui in posterum conver-
tentur, in possessionibus et bonis aliis, quocumque nomine
censeantur, que in comitatibus et terris predictis conver-
sionis tempore obtinebant seu etiam obtinebunt occasione
predicta, nullam molestiam inferant, nec ab aliis inferri
permictant; sed ipsis in hiis et aliis se favorabiles exhi-
bentes, ipsos ab iniuriis et molestiis protegant et defendant,

---

par Louis L'Aveugle, fils de Boson, en 910. La Synagogue de Bédarrides, détruite probablement par les pastoureaux, fut remplacée par
une chapelle (cf. *Reg.* Vat. t. 71, n° 151 *de curia;* x kal. marcii an. v°).

ut sic de servitute ad libertatem se transisse percipiant, nec redire, pretextu mendicitatis odibilis, ad dimissam perfidiam compellantur.

Nulli etc. nostrorum preceptionis et mandati infringere etc.

Datum Avinione, XI Kal. augustini, *(sic)* anno quarto.

IX. *Confessio Baruc olim Iudei modo baptizati et postmodum reversi ad Iudaismum.*

(Ms. *Vat. Lat.* 4030. FF. 28 B - 31 B).

Anno Domini M°CCC°XX°, die (1) XIII^a mensis Iulii, cum pervenisset ad audienciam Reverendi Patris in Christo domini Iacobi Dei Gratia Appamiensis episcopi, quod Baruc Theutonicus, olim Iudeus, relicta iudaica cecitate et perfidia, ad fidem Christi [38 C] conversus fuerat et sacramentum Baptismi receperat in civitate Tholose, durante persecutione *Pastorellorum* et deinde, ut canis reversus ad vomitum, ad sectam et ritum iudaica rediit, oportunitate captata, cum iudeis civitatis Appamiarum habitans et cum eis iudaice vivens, idem Dominus Episcopus eum fecit capi et captum detineri in carceribus suis et tandem ad presentiam suam eum faciens perduci in camera Sedis Appamiensis, assistente sibi fratre Gualhardo de Pomeriis, tenente locum domini inquisitoris Carcassone et presente discreto viro magistro Bernardo Saxerii officiali Appamiensi et magistro David de Troys iudeo, qui ad hoc fuit vocatus ut interpretaretur eidem domino episcopo, si opus esset, ebraicum, inquisivit super predictis cum eodem, accepto prius ab eo corporali iuramento super Legem Moisi de veritate mere et plene dicenda, tam de se ut principalis, quam de aliis ut testis.

(1) Dimanche.

Quo iuramento prestito, dixit et confessus fuit quod hoc anno, die iovis preterita fuit mensis (1), cum Pastorelli portando vexillum, de Bragairaco (2) venissent apud villam Granate et iudeos comminarentur interficere, Salamon de Undas (3) iudeus, tunc venit ad baiulum Granate et cum eo Eliazer iudeus, scriptor dicti Salamonis. Et dictus Salamo dixit dicto baiulo, ut postea dictus Salamo retulit ipsi qui loquitur, si poterat eum tenere securum de dictis Pastorellis. Qui respondit quod sic. Et tunc, postea veniente magna multitudine Pastorellorum, dixit dicto Salamoni quod non posset eum tenere secure; sed quod poneret se in navi in Garona et iret apud Verdunum, ubi est fortalicium manis *(sic)* Domini Regis.

Qui Salamo, intrans navem, descendebat versus Verdunum. Quod videntes et audientes, dicti Pastorelli occurrerunt cum quadam parva navi et extrahentes eum de aqua, duxerunt apud Granatam. Et ibi, cum dicti Pastorelli dicerent dicto Salamoni quod vel se baptizaret vel eum interficerent, dictus baiulus dixit, qui presens erat, quod si interficerent dictum Salomonem, interficerent et ipsum baiulum. Quod audiens dictus iudeus, dixit quod nolebat quod dictus baiulus propter ipsum aliquid pateretur. Et tunc interrogavit dictos Pastorellos quid petebant ab eo. Qui Pastorelli dixerunt quod vel se baptizaret, vel baptizare se faceret, vel ipsi interficerent ipsum. Et tunc dictus iudeus dixit quod magis volebat baptizari quam si interficeretur. Et fuit baptizatus ibi dictus Salamon et etiam Heliazer scriptor eius predictus.

Et in crastinum (4), dictus Salomon et Heliazer baptizati venerunt apud Tholosam, ad ipsum qui loquitur et narraverunt ei predicta que acciderant circa eos, dicentes quod baptizati erant, sed tamen non ex corde et si possent,

(1) Le jeudi 12 juin.
(2) Bragayrac, canton de S. Lys, arr. de Muret.
(3) Ondes, canton de Grenade, arr. de Toulouse.
(4) Vendredi 13 juin.

libenter ad iudaismum reverterentur. Et ipse qui loquitur respondit eis, quod licet ipse sciret legem iudaicam, tamen, quia ignorabat legem christianam, nesciebat eis dare consilium si poterant reverti at *(sic)* iudaismum impune; sed ipse interrogaret fratrem Ramundum de Iunaco (1), tenentem locum domini inquisitoris Tholose, si hoc fieri poterat. Et tunc ipse qui loquitur ivit cum Boneto de Agigno (2), iudeo, ad dictum fratrem Ramundum et Magistrum Iacobum, notarium dicti domini inquisitoris Tholose et narravit ei *(sic)* factum dicti Salomonis, querendo [38 D] ab eis si baptismus, susceptus non ex desiderio vel ex voluntate suscipiendi ipsum sed solum ex terrore, valebat. Qui, ut dixit ipse qui loquitur, respondit *(sic)* quod talis baptismus non valebat. Et ipse qui loquitur, ut dixit, intellexit quod illi dicerent, quod talis baptismus sic susceptus, baptismus non erat. Et incontinenti reversus fuit ad dictos Salomonem et Heliazar *(sic)*; et dixit eis quod dicti frater Ramundus et Iacobus dixerant quod talis baptismus, baptismus non erat et quod audaciter reverterentur ad iudaismum.

Et postea audivit dici quod dictus Salomo posuerat se in prisione domini senescalli Tholosani; quousque dictus dominus senescallus fuisset certificatus per curiam romanam, si talis baptismus baptismus erat. Dixit tamen, quod baptizati, qui ad iudaismum revertuntur, sic revertuntur, iuxta doctrinam Calmutz (3), *(sic)* quod secantur eis ungues manuum et pedum et raduntur pueri (4) *(sic)* capitis et deinde totum corpus abluitur in aqua currenti, sicut secundum Legem purificabatur mulier alienigena, quando debebat duci a iudeo in uxorem; quia ipsi reputant quod baptismus polluit illos qui recipiunt ipsum.

(1) Junac, Com. de Capoulet, cant. de Tarascon, arr. de Foix, Ariège.
(2) Agen.
(3) *Corr.* Talmud.
(4) *Corr.* pili.

Postea, dominica sequenti (1), Alodetus subvicarius Tholose, adduxit apud Tholosam XXIIII^{or} quadrigatas honeratas Pastorellis captis per eum, propter interfectionem quam fecerant centum quinquaginta duorum iudeorum, apud Castrum Sarazenum et in locis circumadiacentibus. Et cum fuerunt dicti Pastorelli ducti iuxta Castrum Narbonense et XX^{ti} cadrigate de eis iam fuissent introducte in castro predicto et populus Tholosanus fuisset ibidem in magna multitudine congregatus, Pastorelli qui erant in quadrigiis ultimis, inceperunt clamare *adiutorium*, cum propter hoc quod ipsi volebant vindicare mortem Christi, sic capti ducti essent et etiam incarcerati *(sic)* deberent. Et tunc aliqui de populo Tholosano fregerunt cordas quibus ligati [erant] dicti Pastorelli in quadrigis; et diligati exilierunt de quadrigis et inceperunt simul clamare cum populo: « Ad mortem! ad mortem! Interficiantur omnes Iudei! » Et predicta audivit ipse narrari communiter in Tholosa; ipse tamen hoc non vidit, ut dixit. Et cum dicti Pastorelli et populus cum magno impetu ivissent ad vicum iudeorum, cum ipse staret in sua camera et studeret et scriberet, venerunt multi de dicto populo ad dictam cameram in qua ipse studebat, et clamaverunt contra eum: « Ad mortem! vel te facias baptizari, vel statim te interficiemus ». Et ipse videns dicti populi furorem et quod, ipso vidente, alios iudeos interficiebant, qui dicebant se nolle baptizari, respondit quod magis baptizari volebat quam si interficeretur. Et tunc accipientes eum, eduxerunt incontinenti de domo, non permittentes quod vestes alias nec aliquid aliud acciperet de dicta domo; sed sicut stabat duxerunt eum ad Ecclesiam S. Stephani sedis Tholose. Et cum fuit ibi, duo clerici ostenderunt ei aliquos iudeos mortuos extra ecclesiam, — tamen erant iuxta eam —, dicentes ei: — « Nisi baptizeris, oportet quod occidaris sicut et isti quos vides interfecti sunt. » Et fuit ibi etiam per aliquos circumstantes leviter percussus. Et ipse respondit quod bene volebat baptizari;

(1) Dimanche, 15 juin.

[39 A] sed habebat unum fratrem predicatorem amicum, in domo Predicatorum dicte civitatis, vocatum fratrem Iacobum Alamannum, et volebat quod ille esset patrinus eius. Et hoc dicebat, ut dixit, cogitans apud se quod si posset venire ad manus dicti fratris, qui magnus amicus eius erat, salvari posset a morte, sine hoc quod baptizaretur.

Et tunc, dicti duo clerici educentes eum de ecclesia, volebant ducere ad domum Predicatorum. Et cum fuerunt extra ecclesiam, ante oculos eius fuit interfectus Asser, iudeus de Tarascone Provincie et quidam alius. Et etiam aliqui de populo Tholose interrogaverunt dictos clericos, si ipse qui loquitur erat baptizatus; qui responderunt quod non. Et ipse rogabat eos quod dicerent quod immo baptizatus erat. Et dicti clerici responderunt quod hoc non dicerent. Et tunc ipse, ut dixit, fuit percussus in capite; non tamen de dicta percussione sanguis exivit, sed fuit facta inflatura, que tamen per se sanata fuit sine aliquo alio medico, liguatura, vel medicina. Quo ictu accepto, visum fuit ei quod oculi saltarent de capite suo et videns quod alii iudei interficiebantur, qui nolebant baptizari, cum dicti duo clerici ei dicerent quod non poterant eum deffendere nec ducere ad domum Predicatorum, quia antequam esset in media via interfectus esset, ipse quesivit consilium a dictis clericis quid facere posset ne interficeretur. Qui clerici dixerunt ei : — « Tu bene vides quod vel oportet quod vel incontinenti baptizeris, vel quod statim interficiaris ». Et ipse qui loquitur respondit : — « Revertamini ad ecclesiam et ego volo baptizari antequam permittam me occidi ». Et fuerunt reversi ad ecclesiam predictam. Et cum fuerunt ibi, ipse dixit dictis clericis quod expectarent aliquantulum, quousque videret si filii eius venirent. Et cum aliquandiu expectasset et dicti eius filii non venirent, dicti clerici dixerunt ei quod non poterant diucius expectare, sed quod incontinenti baptizaretur, vel quod egrederetur de ecclesia ubi alii iudei interficiebantur. Et tunc ipse dixit quod ipse volebat habere pro patrino subvicarium Tholose, intendens hoc, ut dixit, quod quia cum dicto vicario erat quidam serviens vocatus Petrus Savardi, amicus ipsius qui loquitur, sperabat quod dictus Petrus liberaret eum a morte, si cum dicto vicario veniret, sine hoc quod baptizaretur. Et cum ibidem diceretur quod dictus subvicarius venire non poterat, quia in eadem die duxerat pastorellos in *(sic)* (1) Castro Sarraceno et factus *(sic)* (2) quiescebat, et sic stetissent per aliquam pausam, iterum dicti clerici dixerunt ei quod intraret lapidem in quo erant fontes baptismales; et ipse respondit quod libenter, dicens hoc verbum: subvicarius, intendens per hoc quod vicarius esset patrinus eius, intendens etiam per hoc, ut dixit, quod si post baptismum subvicarius veniens, diceret quod baptismus acceptus timore mortis non valeret, quod baptismus suus acceptus prius, etiam non valeret; si vero dictus vicarius diceret quod talis baptismus valeret, quod dictus baptismus suus valeret. Et tunc ipse volens accessit ad lapidem in quo alii baptizabantur; stetit ante capellanum et capellanus fecit circa eum illa que solita sunt fieri quando homines baptizantur, ut credit. Ante tamen quam capellanus inciperet legere et facere illa que [29 B] debent fieri in baptismo, dicti clerici dixerunt ei quod diceret capellano quod ex bono corde veniebat ad baptismum et faciebat illa que faciebat. Quia si hoc non diceret, interficeretur. Et tunc ipse dixit dicto capellano quod ex bono corde baptizari volebat, licet, ut dixit, contrarium esset in corde.

Et tunc fuit positus, ut dixit, in lapide predicto, in quo erat aqua et fuit baptizatus et circa eum facta fuerunt, ut credit, omnia illa quo solent fieri in baptismo et fuit vocatus Iohannes. Quo facto, ipse dixit dictis clericis quod irent cum eo ad domum suam, ad videndum si aliquid remanserat de bonis suis. Et dicti clerici responderunt quod non irent ad domum eius, quia fatigati erant et sudabant. Sed duxerunt eum dicti clerici ad domum eorum et bibit cum eis de vino eorum. Postea dicti clerici iverunt cum

(1) *Corr.* de.
(2) *Corr.* fractus.

eo ad domum eius, ad videndum si aliquid remanserat de bonis suis et invenerunt in domo eius fractos omnes libros eius et pecuniam raptam; sed solum invenerunt septem pecias pannorum, quarum alique erant sibi impignorate, alique erant sue proprie, inter quas erat unum copertorium de cerico. Quas pecias pannorum ponentes in saco, ipse [et] clericus qui dicebat se patrinum eius, extraxerunt de dicta domo et antequam essent extra domum, invenerunt unum de capitulo Tholosano, vel de familia, quem cognoscit *(sic)* dictus patrinus eius, qui erat armatus pro custodia iudeorum. Et dictus clericus patrinus ipsius qui loquitur, dixit dicto capitulario vel familiari capituli: — «Iste est baptizatus et bonus christianus». Et tunc dictus capitularius vel de familia, annuit ipsi qui loquitur oculo et ipse venit ad eum et tunc dictus homo dixit secrete ipsi qui loquitur: — «Vis esse bonus iudeus?» Qui respondit quod ita. Et tunc dixit: — «Habes tu pecuniam?» Qui respondit quod non; — «sed accipite istud», tradens ei dictum sacum in quo predicte res erant. Quem sacum dictus homo fecit deportari quo voluit, dicens ipsi qui loquitur: — «Ne timeas; dic quod christianus es et sic evades».

Et cum fuerunt extra domum ipse et patrinus eius predictus, invenerunt decem de capitulo et cum eis erant multi servientes armati. Et tunc unus de capitulo vocavit ipsum qui loquitur et dixit ei sub silencio: — «Es tu iudeus?» — ipse respondit quod sic, etiam sub silencio, ita quod non potuit hoc audire clericus predictus. Et dictus capitularius dixit dicto clerico quod recederet et dimitteret ipsum qui loquitur, quem postea tradidit uni servienti, dicens ei quod custodiret ipsum sicut corpus suum et hoc precipiebat ipsi ex parte capituli, subvicarii et senescalli Tholose. Et dictus serviens accepit eum et duxit eum per viam et dum fue· runt iuxta domum communem, seu Capituli, ipse qui loquitur dicebat quod iudeus erat et quando erant in aliis viis et interrogabatur dictus serviens si ipse qui loquitur erat iudeus, dictus serviens respondebat quod baptizatus erat et christianus. Et hoc dictus serviens dicebat instructus per ipsum qui loquitur.

Et ut dixit, interfectio et depredatio iudeorum duravit usque ad vesperas dicte diei (1). Et circa vesperas dicte diei, ipse qui loquitur dixit dicto servienti quod irent ad subvicarium Tholose, ad illum finem ut ipse interrogaret eum si baptismus suus susceptus [29 C] tali timore mortis valebat, vel baptismus erat vel non.

Et cum fuerunt in domo subvicarii, subvicarius cenabat. Et tunc dictus serviens ad instanciam ipsius qui loquitur dixit: — « Ecce hic est unus iudeus qui vult baptizari per vos, dominum subvicarium ». Et dictus subvicarius dixit: — « Nos cenamus, eatis ad mensam ». Et quia ipse qui loquitur nolebat comedere, respexit circum circa et vidit dictum Petrum de Savarduno (2) et traxit eum ad partem et dixit ei quod ipse nolebat baptizari et quod diceret subvicario quod non cogeret ipsum ad suscipiendum baptismum, quia talis baptismus non valebat, ut dixit ei. Et tunc dictus Petrus dixit dicto servienti, quod recederet, quia ipse custodiret eum. Quo recedente, assignavit ei quendam servientem alium cum quo ivit spaciatum Castro Narbonensi. Et postquam cenaverat dictus subvicarius, reversi fuerunt ad ipsum. Et tunc dictus subvicarius dixit ipsi qui loquitur: — « Vis modo baptizari, vel expectare usque in crastinum? ». Et dictus Petrus de Savarduno traxit dictum subvicarium ad partem et fuit loqutus cum eo; nescit tamen quid fuit loqutus cum eo. Et postea dictus subvicarius dixit: — « Pro certo ego non baptizabo coactum istum iudeum vel quemcumque alium ». Ex hoc ipse qui loquitur credidit, ut dixit, quod baptismus prius per eum susceptus, babtismus *(sic)* non esset; quia dum baptizabatur, hoc habebat in corde, ut dixit, quod si dicto subvicario placebat quod baptismus per eum susceptus esset baptismus, quod ipse crederet se esse baptizatum, alias non.

(1) Dimanche 15 juin.
(2) Saverdun, chef-lieu de cant. Ariège, arrond. de Pamiers.

Et hoc facto, habuit consilium et tractatum cum dicto Petro de Savarduno si expediebat quod remaneret in Castro Narbonensi, vel quod recederet. Et cum dictus Petrus diceret ei quod illi iudei qui remanerent in Castro Narbonensi, vel baptizarentur vel interficerentur, deliberavit cum eo, quod recederet de Tholosa. Et dictus Petrus dedit ei tres *sterlingos* et ivit cum eo usque ad capud vie qua recte itur ad Montem-Guiscardum (1), dicens ei quod iret velociter et quod in via loqueretur theutonice.

Et ipse velociter venit apud Montem-Guiscardum. Et cum fuit ibi et transiret velociter per dictum castrum, multi armati venerunt super ipsum, querentes ab eo si erat iudeus vel christianus. Et ipse quesivit ab eis cuiusmodi gentes erant; qui responderunt, quod erant Pastorelli; — « et volumus te, si iudeus es, interficere, nisi baptizeris ». Et ipse, ut dixit, respondit eis quod non erat iudeus. Et tunc dicti homines armati dixerunt quod ponerent eum in carcerem. Et ipse respondit : — « Et habetis vos potestatem ponendi homines in carcere ? ». Et illi responderunt quod sic; quia baiulus dicti loci erat ibi et gentes eius. Et tunc ipse cogitans non offenderetur ab eis, dixit quod iudeus erat. Et duxerunt eum ad quemdam domum in qua erant magistri Baco Bendit, Lupus et Bona, filia dicti magistri Baco et quidam alii iudei, cum quibus ipse fuit dicta nocte (2) et die sequenti (3). Et subsequenti nocte, cum gentibus baiuli predicte ville, venerunt usque ad villam de Maseriis (4) et de Maseriis venerunt apud Appamias.

Interrogatus si in Appamiis vel alibi fuit reiudaizatus iuxta formam et modum reiudaizationis supradictum; respondit quod non, quia secundum [29 D] doctrinam Colnut *(sic)* (5) [si], aliquis perfecte est baptizatus et voluntarie et vult ad

(1) Montgiscard, chef-lieu de cant. Haute-Garonne, arrond. de Villefranche.

(2) Dimanche 15 juin.

(3) Lundi 16.

(4) Mazères (Ariège), cant. de Saverdun, arr. de Pamiers.

(5) Lisez Talmud.

iudaismum reverti, quia reputant eum pollutum, fiunt illam eius reiudaizationem que supradicta fuit; sed quando non est perfecte baptizatus, vel coactus est ad suscipiendum baptismum, non reiudaizatur modo supradicto, quia credunt quod talis baptismus nichil sit.

Interrogatus si dixit alicui vel aliquibus baptizatis propter timorem mortis, quod baptizati non erant et quia impune et sine peccato possent reverti ad iudaismum; dixit quod non, nisi ut supra deposuit de Salomone et Heliazar.

Interrogatus si dixit alicui vel aliquibus iudeis quod reciperent baptismum pro tunc ut evaderent mortem et quod postea reverterentur ad iudaismum; dixit quod non.

Interr. si aliquando fuit in reiudaizatione alicuius iudei baptizati; respondit quod non. — Interr. si scit aliquem iudeum sic baptizatum et reversum fuisse ad iudaismum; dixit quod non.

Hec confessio fuit facta, anno et die quibus supra, presentibus predictis et me Guillermo Petri Barta, notario dicti domini episcopi, qui predicta scripsi et recepi.

Postque, anno quo supra, XIIII^a die (1) mensis predicti, dictus Baruc constitutus in iudicio in camera episcopali predicta, coram dicto domino episcopo, fuit perlecta sibi in vulgari, confessio quam fecerat externa die et fuit interrogatus per dictum dominum episcopum, si volebat perseverare in predicta confessione et si volebat aliquid in eadem addere, corrigere vel mutare. Qui respondit, quod in ea perseverabat et perseverare volebat, excepto quod addidit, quod, quando Salomon et Heliazar iudei baptizati venerunt de Granata Tholosam ad ipsum qui loquitur, ut supra in sua confessione continetur, invenerunt cum eo Salvatum iudeum de Tarascone Provincie.

Item addidit quod quando dixit dicto Salomoni et Heliazer quod baptismus per eos susceptus non erat baptismus et quod poterant reverti ad iudaismum, dixit se hoc dixisse

(1) Lundi, 14 juillet.

quod, ex quo talis baptismus non erat baptismus, quod reverti poterant ad iudaismum. Item dixit, addendo, quod interfectio iudeorum facta dicta die in Tholosa, ut deposuit supra, fuit de centum et quindecies *(sic)* iudeis, vel circa, interfectis.

Interrogatus per dictum dominum episcopum, si quando stetit ante dictum capellanum et dictus capellanus procedebat in officio baptismi, vel etiam quando fuit positus in fontibus baptismalibus et in actu ipsius baptismi, reclamavit verbo vel facto, vel ostendit voluntatem contrariam, resistendo, quod nollet baptizari; dixit quod non, timens ne interficeretur si hec faceret vel diceret; et quia patrini sui dicebant sibi quod diceret ante capellanum quod bono corde veniebat ad baptismum, alias quod interficeretur; et hoc, ut credit, audivit dictus capellanus et super hoc, ut dixit, staret eiusdem capellani iuramento, quem suplicat interrogare si videlicet credit quod ipse loquens interficeretur, si contradiceret, vel resiliret verbo vel facto.

Interrogatus si secundum legem suam, vel Talmutz, vel ipsemet credit quod iudeus credens quod solum tenendo legem iudaicam possit salvari in ea et non in secta christianorum vel paganorum, debet permittere se occidi magis quam si se converteret ad sectam christianorum vel paganorum, in quibus credit se salvari non posse; respondit quod [si] sine mandato principis aliquis vellet eum [30 H] interficere vel alium iudeum credentem quod in iudaismo potest solum salvari, nisi transiret ad sectam christianorum vel paganorum, quod tunc magis debet velle transire ad sectam christianorum vel paganorum, quam si pateretur se interfici; quia tale quid momentaneum est et subitum et cito post penitere et ad iudaismum reverti. Sed si tale quid fieret de mandato principis, scilicet, quod vel iudei interficerentur, vel baptizarentur, vel ad paganismum converterentur, tunc magis se deberet iudeus se permittere interfici, quam si ad christianismum vel paganismum converteretur; quia mandatum principis diu durare habet.

Interrogatus si ipse credit maius peccatum esse quod iudeus, credens solum salvari in iudaismo, permittat se baptizari ne interficiatur, quam si permitteret se interfici ne baptizaretur; respondit quod maius peccatum est quod talis iudeus permittat se baptizari, quam si dimitteret se interfici.

Interrog. si credit quod iudeus, credens se solum salvari in iudaismo, permittens se interfici quia non vult transire ad paganismum, peccaret aliquo modo; dixit quod non; immò bene facit.

Interr. ex quo credit quod non peccat iste iudeus qui se permittit interfici, quia non vult transire ad christianismum vel paganismum, immò bene facit, ut dicit, et ille qui se permittit baptizari vel paganizari peccat secundum eum, cur ipse magis voluit baptizari quam interfici? Respondit quod ipse non credit quod baptismus suus esset perfectus baptismus, quia fuit momentaneus et etiam quia in corde suo ipse tenebat quod si subvicarius Tholose haberet ratum baptismum suum, quod baptismus esset, alias non; et etiam quia cogitavit quod peniteret pro eo quia baptismum accepit. Et propter predicta magis voluit baptizari quam interfici.

Interrog. si vult vivere de cetero ut iudeus, vel christianus, respondit quod vult vivere ut iudeus et non ut christianus, pro eo quia non videtur sibi quod sit christianus. — Interr. si tunc quando baptizabatur credit *(sic)* quod dictus baptismus aliquid valeret sibi, vel si voluit quod si baptismus valeret sibi; respondit quod nunquam credidit quod baptismus aliquid sibi valeret, nec accepit ipsum nisi ut tempus et hora predicta *(sic)* transiret.

Testes, Dominus Petrus de Viridario, archidiaconus Maioricharum, magister David iudeus et ego Guillermus Petri Barta, notarius supradictus, qui predicta recepi et scripsi.

Et incontinenti dictus dominus episcopus hortatus fuit dictum magistrum Baruc et monuit quod, cum baptismus taliter susceptus per eum, ut dictum est, quia susceptus fuerat per eum, non vi vel coactione absoluta, obligabat

eum secundum iura et racionem ad tenendam et credendam
fidem christianam, quia illa necessitas que impulit eum ad
fidem, non ad deterius, sed ad melius ipsum traxit, quod
de cetero fidem christianam crederet et teneret, alioquin
sciret pro certo quod, si permaneret in iudaismo obstinatus,
quod procederetur contra eum, secundum iura, sicut contra
hereticum obstinatum.

Et tunc dictus Magister Baruc respondit quod, cum ipse
nesciret quid christiani credunt et cur credunt illud quod
credunt, sciret autem legem suam et credentiam et quare
iudei credunt illud quod credunt, quia eorum credentia pro-
batur per Legem et Prophetas, quam Legem et Prophetas
ipse per XXV [30 B] annos ut doctor legerat; idcirco, nisi
ascenderetur (1) *(sic)* ei per Legem suam, per Prophetas,
quod illud quod credunt christiani est secundum Legem
et Prophetas, ipse nolebat credere nec tenere fidem Christianam; et magis volebat mori quam si iudaismum dimitteret, cum non esset leve *(sic)* auctoritatis inter iudeos ista-
rum partium. Sed, ut dixit [si] idem Dominus episcopus
vel aliquid, *(sic)* alter, probaret ei vel ostenderet per Legem
et Prophetas, quod illud quod credunt et tenent christiani
est secundum Legem et Prophetas eorum et quod secta et
ratus (2) *(sic)* iudeorum iam isto tempore non sint salutaria,
ipse paratus erat dimittere sectam et ritum iudeorum et
se transferre ad fidem et credentiam christianorum.

Quod cum hoc facere se permisisset idem Dominus episcopus, confidens, ut dixit, de Dei auxilio, presentibus dicto
magistro David iudeo et quibusdam de novo baptizatis, qui
possent interpretari, si opus esset, verba dicti Baruc et
Legis eidem domino episcopo et qui etiam possent interpretari verba dicti magistri Barutz *(sic)*, qui non plene poterat loqui vulgare istius terre, incepit disputationem de
articulis fidei christiane contra dictum Barutz iudeum qui
toto suo conatu resistebat per scripturas Veteris Testamenti

---

(1) *Corr.* ostenderetur.
(2) *Corr.* ritus.

hiis que dicebantur pro fide christiana per dictum dominum episcopum.

Et primo fuit disputatio inter eos de articulo Trinitatis personarum et unitatis divine essentie et nominibus propriis personarum ac processionibus earum; que quasi per quindenam duravit, in qua disputatione, dictus Baruc omnino fuit superatus; et non habens ultra quid diceret, confessus fuit Trinitatem esse in divinis personis et unitatem divine essentie vel nature. Et hoc, dixit, credebat, superatus auctoritate Sacre Scripture, Legis et Prophetarum. Confessus fuit etiam quod ista nomina sunt propria, secundum Scripturas, divinarum personarum, scilicet, Pater, Filius et Spiritus Sanctus, et etiam Processiones personarum.

Deinde disputatio transivit ad probandum quod Messias, vel Christus promissus in Lege et Prophetis, debebat esse Deus et homo, ita quod ex divinitate et vera humanitate debebat constitui una persona que vere esset Deus et homo. Que disputatio duravit quasi per octo dies. Et non habens, dictus iudeus, quid contra hoc dicere posset secundum scripturas, adiuratus super hoc quod alias non propenderat hoc ex scripturis, cum ipsi dicant quod eorum Messias venturus, debet esse sicut et alii homines, purus homo, confessus fuit se dictum articulum credere secundum scripturas divinas.

Deinde disputatio transivit ad probandum quod Messias promissus in Lege, iam venerat; quod difficilius fuit inter alia. Et duravit disputatio per tres septimanas et amplius. Cui tandem articulo dictus iudeus, superatus, assentiit. Et postea satis facile fuit ostendere per Legem et Prophetas quod Christus de Virgine conceptus et natus erat, passus fuerat mortem propter nos et nostram salutem, quod descenderat ad inferos et die tertia resurrexerat, ascenderat ad celum et venire debebat iterum ad iudicandum vivos et mortuos; et eciam sacramentum (1) *(sic)* Ecclesie et eorum

(1) *Corr.* Sacramenta.

efficatia ad remittendum peccata et gratiam conferendam, licet aliquantulum restitisset in Sacramento Altaris, cui tamen postea assensiit. Difficile tamen fuit ei ostendere mortalitatem (1) *(sic)* corporum humanorum post resurrexionem; et quia talia corpora cibis et aliis necessitatibus huius vite non [30 C] egebunt; et quod generatio et corruptio in talibus corporibus cessaret; et quod corpora hominum dampnatorum poterunt esse in igne perpetuo et non consumi ab eo, licet dolorem intolerabilem sustinere deberent. Quibus tamen omnibus dictus iudeus assensiit et deinde peciit quare legalia veteris Legis nunc non observabantur per christianos, cum ipsi in omnibus aliis tenerent fidem et credenciam Prophetarum. Et fuit ei ostensum per Prophetas et Legem, quod, Christo adveniente, cessare debebant.

Et cum in predicta credencia stetisset quasi per quindenam, dicens quod decetero nolebat vocari Barutz sed Iohannes, nec iudeus sed christianus, sed volebat plenius informari legendo per se in libris Legis et Prophetarum, tandem dictum fuit eidem domino episcopo quod incipiebat tutubare (2) *(sic)* in fide christiana et quod dicebat aliquibus se non credere illa que christiana fides credit, propter quod ultima interrogatio que sequitur ei facta fuit per dictum dominum episcopum.

Postque iterum dictus episcopus eundem Barutz magis instruxit, solvendo ei illa propter que dubitabat, que dicebat se invenisse in libris Legis et Prophetarum, per se legendo, dixit quod omnino volebat esse christianus et abiurare iudaismum.

Postque, anno quo supra, XVI^a die mensis augusti, ductus dictus Baruc ad presentiam dicti domini episcopi in camera episcopali Appamiarum et constitutus in iudicio et assistente eidem domino episcopo, fratre Gualhardo de Pomeriis, fuit interrogatus [si] ante per dictum dominum episcopum fuit

(1) *Corr.* Immortalitatem.
(2) Titubare.

informatus postquam fecit predictam confessionem et ei probavit per Vetus Testamentum quod in divinis est Trinitas personarum, scilicet Pater, Filius et Spiritus Sanctus et unitas Deitatis et quod ista se compatiuntur; respondit quod sic, sed ut dixit, videtur sibi quod postea invenit aliquas contrarietates in veteri Lege.

Interrogatus si ex quo dictus dominus episcopus informavit eum et probavit sibi Trinitatem personarum divinarum et unitatem essencie, dixit alicui vel aliquibus quod videretur ei verum esse secundum scripturas Veteris Testamenti, quod Trinitas esset in divinis personis et unitas in essentia et si iam tunc dicebat, ita credebat in corde suo, respondit quod sic pro tunc, sed postea ut dixit, legit et studuit in Scripturis Veteris Testamenti et invenit aliquas contrarietates, propter quod modo dubitat.

Interrogatus per quantum temporis stetit in credentia quod Trinitas esset in personis divinis et unitas essencie; respondit quod per octo dies studuit et legit in Scripturis veteris Testamenti et non invenit contrarium, scilicet quod in divinis non essent tres persone et unitas essentie; propter quod et per dictum tempus hoc credidit, sed postea, ut dixit, invenit contrarietatem in dictis scripturis et ex tunc dubitavit et adhuc dubitat.

Interrog. que sunt ille scripture veteris Testamenti, que induxerunt eum ad dubitandum quod Trinitas non esset in divinis personis, dixit quod *primo* fecit eum dubitare auctoritas posita in quinto libro Legis: «Audi, Israël Dominus Deus tuus Deus unus est» (1). Quam auctoritatem sic ipse deduxit ad negandum Trinitatem personarum: per hoc quod dicit «Dominus Deus», ponitur unitas essencie vel nature; sed per hoc quod dicit «unus est», ponitur singularitas et unitas persone.

Secundo fecit eum dubitare aliud dictum positum in eodem libro: «*Ru atha qui havi hahavi hu veuhelohim* [30 D]

____

(1) Deuter. VI, 4: «Audi, Israël, Dominus Deus noster, Dominus unus est».

ymmazi havi hamitz vahayie (1) ». Quam auctoritatem sicut. exposuit in vulgari: « *Veiatz ara que yeu yeu so, enoya Dieu ammy; yeu aucire et yeu viure fare* ». Quam aucthoritatem sic deduxit quia per hoc quod dicit: *ego, ego sum*, excludit pluralitatem personarum ponendo bis hoc pronomen *ego*, quod magis declarat clausula subsequens cum dicit: *non est Deus mecum*.

Tercio fecit eum dubitare, ut dixit, auctoritas que ponitur in eodem libro iuxta principium: — « *Atha horessa lazahat qui adonay hu haheloim veu hotz milnedo* (2) ». Quam auctoritatem exposuit sic in vulgari: « *Tu garda per saber que Adonay es habeloim mes plus ses lu ses lu* » ; que auctoritas sic scribitur apud nos: « Ut scires quam Dominus ipse est Deus et non est preter unum (3) ». Quam auctoritatem sic deduxit, quia, ut dixit, iudei qui dicunt quod in divinis est Pater et Filius, due persone distincte, dicunt quod per nomen *Adonay* intelligitur Pater; sed per nomen *Heloim* intelligitur Filius. Et quia in Scripturis divinis frequenter ponuntur ambo nomina distincte et aliquando etiam immediate, idcirco dicunt quod Deus Pater est distinctus personaliter a Filio; sed, ut dixit, eorum opinio per istam aucthoritatem destruitur, cum hic dicatur *Adonay ehu Heloim* et *hu* idem significat quod *ipsemet* et sic Pater omnino est ipse qui Filius; et ex hoc ipse deducit quod Pater non est distinctus a Filio in persona.

Quarto fecit eum dubitare, ut dixit, quia in libris Moïsi frequenter ponitur: « Ego sum Adonay » quando loquitur

(1) ‎רְאוּ עַתָּה כִּי אֲנִי הוּא וְאֵין אֱלֹהִים עִמָּרִי‎
‎אָנֹכִי אָמִית וָאֲחַיֶּה‎

Deut. XXXII, 39: « Videte quod ego sim solus et non sit alius Deus praeter me ; ego occidam et ego vivere faciam ».

(2) ‎אַתָּה הָרְאֵתָ לָדַעַת כִּי יְהֹוָת הוּא הָאֱלֹהִים אֵין‎
‎עוֹד מִלְבַדּוֹ‎

(3) Deut. IV, 35: « Ut scires quoniam Dominus ipse est Deus et non est alius praeter eum ».

de Deo et non ponitur: « Ego sum Adonay Heloïm » quod tamen fieret si Pater et Filius esset Deus, ut videtur.

Quinto fecit eum dubitare, ut dixit, auctoritas que ponitur in Ysaia: « *Tho amar Adonay mehelet vogoalo Adonay Sabaoth anu, risson vahami Haharon humibalazai heu heloïm* (1) ». Quod sic ponitur apud nos: « Hec dicit dominus Rex Israel et Redemptor eius Dominus: ego primus et ego novissimus et absque me non est Deus ». Quod ipse sic deducit ad negandum quod Filius non est distinctus a Patre, sed est eadem persona cum Patre; quia secundum Hebreum in prima clausula ponitur: *Adonay Sabaoth* per quod intelligitur Pater. Et postea in secunda postquam dixit: *Ego primus* et *ego novissimus*, subdit: *Et non est preter me Heloïm*, quasi dicat quod qui intelligitur per *Heloïm* non est nisi *Adonay Sabaoth* et sic Filius idem esset quod Pater.

Sexto fecit eum dubitare quod in Tercio libro Regum, post Sacrificium Helie, populus dixit: « *Adonay hu ayheloim Adonay hu habeloi* (2) ». Quod sic ponitur apud nos: « Dominus ipse est Deus, Dominus ipse est Deus ». Quod ipse deduxit quia populus non dixit *Adonay Heloïm*, sed dixit *Adonay Hu Heloïm*, significare voluit quia in divinis non est Pater et Filius, quia tunc dixisset: *Adonay Heloïm;* sed ponendo *hu* in medio non distinxit personas: *Adonay* et *Heloy*, id est Patris et Filii; et ita est una persona Patris et Filii.

Et pro nunc, ut dixit, non recordatur quod plura eum fecerunt dubitare, an Pater et Filius sint una persona vel plures. Interrogatus si istas auctoritates a principio induxit

---

(1) כה אמר יהוה מלך־ישראל וגאלו יהוה צבאות
אני ראשון ואני אחרון ומבלעדי אין אלהים

Isai. XLIV, 6: « Haec dicit Dominus rex Israël et Redemptor ejus dominus exercituum: Ego primus et ego novissimus et absque me non est Deus ».

(2) יהוה הוא האלהים יהוה הוא האלהים

I *Reg.* XVIII, 39; Vulg. III *Reg.* XVIII, 39.

in disputatione quam habuit super hoc cum dicto domino
episcopo; respondit quod sic, omnes vel maiorem partem
earum; et, ut dixit, fuerunt ei solute per dictum dominum
episcopum; sed non recordatur de solutione earum, ut dixit.

Postque anno quo supra, die XXVᵃ mensis septembris,
constitutus in iudicio dictus Johannes [31 A.] in camera
Sedis episcopalis Appamiarum coram dicto domino episcopo, assistente sibi dicto fratre Gualhardo de Pomeriis,
presentibus Archidiacono Maioricen., et canonico Narbonen.,
Germano de Castronovo, archidiacono Appamiarum, Jacobo
Albenonis, priore claustrali Appamiarum, Hugone Artaudi
priore de Praderiis (1), et multis aliis canonicis dicte ecclesie Appamiarum et religiosis viris prioribus beate Marie
de Carmelo, cum tribus sociis suis et Augustinorum et sub-
priore Predicatorum et quatuor minoribus, consulibus Appamiarum et multis aliis burgensibus dicte civitatis et dis-
cretis viris Bernardo Faxerii *(sic)* (2) officiali Appam., Hugone de Habelheriis, iudice appellationum Appam., magistro Guillermo de Sancto Juliano Appam., Johanne Baustz,
iudice Appamiarum, iurisperitis, et me notario infrascripto,
fuit ei exposita in vulgari tota sua confessio supradicta,
quam confessus est ibidem veram esse et in ea se velle
perseverare. Fuit etiam ibidem ei dictum si·instructus
fuerat de fide christiana per dictum dominum episcopum
de omnibus articulis fidei et Sacramentis ecclesie, sigil-
latim et divisim et hoc per Scripturas Veteris Testamenti.
Et fuit interrogatus si ex corde credebat vera esse illa que
docet et predicat Sacrosancta ecclesia Romana circa dictos
articulos fidei et Sacramenta et cessationem legalium Veteris Testamenti, et etiam si credebat quod dicta doctrina
Ecclesie esset secundum Legem et Prophetas Veteris Testamenti. — Qui respondit quod ipse credebat et ore confite-

(1) Pradières (Ariège), cant. de Foix.
(2) *Lisez:* Saxerii.

batur veram esse fidem catholicam, omnes articulos fidei
et omnia sacramenta Ecclesie et quod Ecclesia Romana illa
que predicat et docet circa dictos articulos fidei et sacramenta et cessationem legalium, docet et predicat secundum
Legem et Prophetias Veteris Testamenti. Et hanc fidem
ipse dixit se credere corde; et promisit eam de cetero se
crediturum et docturum; et, ut dixit, credit quod pro bono
anime sue ei evenerit persequtio, propter quam baptizatus
fuit et quod ad credendum fidem catholicam, non fuit in-
ductus timore mortis, vel tormentorum, vel violencia car-
ceris, minis, terroribus, blandiciis, vel promissionibus, sed
per divinas scripturas que ei proposite fuerunt per dictum
dominum episcopum.

Propter que, sponte abiuravit perfidiam iudaicam et
superstitionem ac cerimonias Legis iudaice et omnem aliam
heresim. Juravit etiam [quod] omnes illos qui baptismum
receperunt et postmodum reversi ad iudaismum, hereticos,
eorum credentes, fautores, deffensores, receptores, nuncios,
ac amicos eorum, ac pro heresi fugitivos, per se et per
alios, persequetur et investigabit, capiet, revelabit et ad
dictum dominum episcopum, vel ad inquisitores heretice
pravitatis, adducet, seu adduci et reddi secundum posse
suum, per se et per alium procurabit. Juravit etiam in-
super, stare et parere mandatis Ecclesie et dicti domini episcopi, seu eius successorum et omnem penitentiam, penam,
satisfactionem, aut honus, quas et quod ipse dominus episcopus, seu eius successor, eidem Johanni, in persona propria
vel in aliena, in bonis ipsius, duxerit iniungendam, vel
imponendam, faciet et complebit.

Postque, anno quo supra, die tertia mensis [31 B] de-
cembris, comparuit dictus magister Johannes coram dicto
domino episcopo et fratre Gualhardo de Pomeriis, in camera episcopali Appamiarum et renuncians et concludens in
negocio presenti, non iudicium, sed misericordiam postu-
lans, misericorditer peciit et supplicavit agi per dictos do-
minos supradictos.

Et dicti domini episcopus et frater Gualhardus predictus, ad sententiam seu declarationem faciendam processerunt in hunc modum :

Noverint universi, etc. Queratur sententia in libro sententiarum heretice pravitatis.

Facta fuerunt hec, anno, die, loco et testibus predictis presentibus et magistro Guillermo Petri Barta notario eiusdem domini episcopi, qui predicta omnia recepit et scripsit.

Et ego Rainaudus Iabbaudi, clericus de Tholosa, iuratus in negotio inquisitionis, predictam confessionem, de mandato domini episcopi supradicti, cum originali fideliter correxi.